Daphne du Maurier war erst 19 Jahre alt, als sie sich 1926 dazu entschloss, das Feriendomizil ihrer Eltern im kornischen Bodinnick nicht mehr zu verlassen. Denn dort in Cornwall hatte sie ihre neue Heimat gefunden, wo sie nicht nur die Freiheit spürte, ihr Leben zu verbringen und die Natur zu genießen, sondern auch die Inspiration, zu schreiben.

In *Zauberhaftes Cornwall* setzt sie ihrem Herzensort ein Denkmal. Sie erzählt von der wunderbaren kornischen Landschaft, ihren Menschen und ihrer Lebensart. Ebenso Reiseliteratur wie Roman und Memoire, ist dieses Buch Daphne du Mauriers ganz persönliche Hommage an eine der reizvollsten Gegenden Englands, ein Buch voller Geschichten und Legenden, von geheimnisvollen Schlössern, verwunschenen Spelunken, Schmugglern und legendären Königen.

Daphne du Maurier wurde 1907 in London geboren und lebte seit ihrem 19. Lebensjahr in Cornwall. Alle ihre Romane lässt sie dort spielen: *Jamaica Inn*, *Das Wirtshaus im Bodmin Moor*, *Meine Cousine Rachel* und natürlich *Rebecca*, 1938 erschienen und von Hitchcock verfilmt. Daphne du Maurier starb 1989 Jahren in Kilmarth.

insel taschenbuch 4299

Daphne du Maurier

Zauberhaftes Cornwall

DAPHNE DU MAURIER

Zauberhaftes Cornwall

Aus dem Englischen neu übersetzt von
Brigitte Heinrich

Insel Verlag

Umschlagabbildung: Robert Holmes/Getty Images
Die Originalausgabe erschien 1967 unter dem Titel
Vanishing Cornwall. The Spirit and History of Cornwall
bei Gollancz, London.

3. Auflage 2017

Erste Auflage 2014
insel taschenbuch 4299
Deutsche Erstausgabe

Vertrieb durch den Suhrkamp Taschenbuch Verlag
Umschlag: cornelia niere, münchen
Satz: Satz-Offizin Hümmer GmbH, Waldbüttelbrunn
Druck: Druckhaus Nomos, Sinzheim
Printed in Germany
ISBN 978-3-458-35999-9

Zauberhaftes Cornwall

In gemeinsamer Erinnerung und aus Liebe zu Cornwall – zum Gedenken an meinen Mann und für unseren Sohn Christian, der die Gegenwart fotografierte, während ich in der Vergangenheit schwelgte.

Menabilly, 1966.

Inhalt

Prolog

Ich sah ihn mit einem Stock auf das hohe Gras einschlagen, dann griff seine Hand plötzlich in die Tiefe und zog das sich krümmende und windende Wesen hervor.

Die Frauen, die sich um die Hintertür versammelt hatten, kreischten. »Töten Sie sie rasch«, riefen sie, »gleich, gleich, bevor sie beißt.«

Der Gärtner lächelte, die Schlange, deren Kopf ihm hilflos ausgeliefert war, fest in der linken Hand. Ihre Zunge zuckte blitzschnell hervor und verschwand. Er schlug mit seinem Stock ein-, zweimal gegen das Schwanzende, und die Schlange ringelte sich zusammen. Dann trat der Gärtner an den großen Baum mit der ausladenden Krone, der ein paar Meter neben dem Küchengarten dicht bei der Hintertür wuchs.

»Sie stirbt noch nicht gleich«, sagte er zu ihnen, »sie stirbt erst bei Sonnenuntergang.«

Er legte seinen Stock beiseite, ging in den nahe gelegenen Werkzeugschuppen und kehrte mit Hammer und Nagel zurück. Die Frauen beobachteten ihn fasziniert. Er schlug den Nagel irgendwo zwischen Kopf und Schwanz durch die Schlange und hämmerte sie fest an den Baum. Dann trat er einen Schritt zurück und sah zu, wie sie zappelte.

»Das wird sie den ganzen Tag über tun«, stellte er fest, »doch das Gift verliert sich, wenn die Sonne untergeht. Dann stirbt sie.«

Er wandte sich ab und ging in den Küchengarten. Die Frauen verschwanden im Haus, die Küchenmagd schwatzte aufgeregt auf die Köchin ein, das Hausmädchen rannte die Hintertreppe hinauf, um der Kinderfrau davon zu erzählen. Das Drama war vorüber. Der Tag nahm weiter seinen Lauf. Es war Morgen.

Jetzt war außer mir niemand mehr an dem Baum, und ich trat näher und starrte zu der Schlange hinauf. Sie war nicht sehr groß, überhaupt nicht wie die Ungeheuer im Zoo. Ihre Farbe war grünlich-schwarz. Ihr Körper wand sich manchmal, doch nicht die ganze Zeit. Ich fragte mich, warum sie bis lange nach dem Tee warten musste, um zu sterben. Verwirrt entfernte ich mich und ging zur Hauswand in der Nähe des Kinderzimmers im unteren Stock. Ein Tisch stand neben dem Fenster, darauf ein Käfig, und darin saßen zwei Tauben. Die Tauben waren ein Geburtstagsgeschenk gewesen. Ich war fünf Jahre alt. Ich starrte die Tauben an, wie ich die Schlange angestarrt hatte, mit gemischten Gefühlen. Das Wort Langeweile gehörte noch nicht zu meinem Wortschatz, doch hätte ich es gekannt, hätte es ausgedrückt, was ich empfand. Die Tauben langweilten mich. Sie hockten nebeneinander auf der Stange, gurrten oder zupften an ihrem Gefieder und verursachten einen widerlichen Schmutz auf dem Käfigboden. Jeden Tag mussten sie mit frischem Sand, frischem Trinkwasser, frischen Körnern versorgt werden, und das nahm wertvolle Zeit in Anspruch, die ich mit anderen Dingen, zum Beispiel mit Streifzügen durch den Garten, hätte verbringen können. Meine ältere Schwester hielt Kanarienvögel, glückliche Tiere, die tirilierten und sangen und sich auf einer kleinen Schaukel hin und her schwangen. Sie fand es nicht lästig, sich um sie zu kümmern, sondern sang mit ihnen, wenn sie ihren Käfig säuberte. Die Tauben waren anders. Sie drängten sich aneinander, mutlos und doch aufgeblasen in einer Art verzweifelter Gier, mit der sie bei der Fütterung mit den Schnäbeln aufeinander einhackten und sich gegenseitig von dem kleinen Futternapf verdrängten.

Ich ging ein weiteres Mal zu dem Baum, um mir die Schlange anzusehen. Sie bewegte sich immer noch und versuchte mit machtlos zuckendem Schwanz, sich zu befreien. Sie hatte die Hoffnung nicht aufgegeben und würde es auch nicht tun, bis die Sonne unterging. Sie wusste nicht, dass sie zum Sterben verurteilt war. Sie war tapfer, denn sie war wild. Sie war nie in einen Käfig eingesperrt gewesen. Ich rannte rasch zu den wartenden Tauben, die noch nicht gefüttert waren, schob den Haken des Käfigverschlusses zur Seite, und sperrte die Tür weit auf ...

Tauben und Schlange gerieten im Verlauf des langen Sommertages in Vergessenheit. Auf den nahen Feldern machten der Farmer und seine Männer Heu, und meine achtjährige Schwester war in Arthur verliebt, den gutaussehenden Dunklen. Er setzte sie auf sein Pferd, und sie lächelte stolz wie eine Königin auf mich herab. Der ältere Mann, Tom, hob mich auf seinen Sattel. Doch das war nicht das Gleiche. Man hatte mich mit dem Trostpreis abgefunden.

Vom Haus her riefen sie uns zum Tee, doch anstatt ihn draußen zu trinken, gingen wir in das stickige Kinderzimmer, denn die Tante unserer Kinderfrau war aus London angereist, um den Tag hier zu verbringen, und alles musste perfekt sein. Ich erinnerte mich an die Tauben und sah verstohlen aus dem Fenster. Mein Herz setzte aus. Nur eine von ihnen war ausgeflogen, und ihre Gefährtin hockte niedergeschlagen allein auf der Stange. Es war schrecklich.

Wir setzten uns zum Tee, meine ältere Schwester von Träumen über Arthur beseelt, während die Jüngste, noch immer in ihrem hohen Kinderstuhl, gebieterisch die Hand ausstreckte und Marmelade auf ihr Butterbrot forderte. Die Älteren unterhielten sich. Sie hatten den offenen Käfig nicht bemerkt. Das Geplauder summte eintönig dahin, doch ich hatte keinen Appetit, denn irgendwo war die mutigere Taube in Freiheit und traf auf den Bäumen von Bookham Common bereits mit ihren wilden Artgenossen zusammen, während ihre schüchterne Gefährtin auf ihre Rückkehr wartete.

»Und was sind die Pläne für August?«, fragte die Besucherin.

Unsere Kinderschwester rührte mit einem Blick auf ihre drei Zöglinge in ihrem Tee. »Dieses Jahr gibt es eine Veränderung«, sagte sie, »etwas anderes. Sie fahren nach Cornwall.«

Die Wirkung war dramatisch, das Wort ›Cornwall‹ in der Betonung deutlich hervorgehoben. Es hörte sich an wie eine Reise zum Mond. Ich sah von ihrem netten, ernsten Gesicht – denn sie lächelte nicht – zu der Besucherin, die, ein Stück Kuchen auf halber Höhe zum Mund, überrascht innehielt.

»Nach Cornwall?«, rief sie aus.

Sie tauschten Erwachsenenblicke. Etwas Unausgesprochenes schien in der Luft zu liegen. Unvermittelt trat eine Pause ein, dann gingen sie zu anderen Themen über, als wäre dieses im Moment verboten. Ich dachte erneut an die Taube, die entkommen war. Nicht umsonst hatte ich sie Peter genannt und ihre zögerliche Gefährtin Wendy. Sie war die Erste gewesen, die eines Wolkenkuckucksheims zuliebe verschwunden war, das sich hinter Bookham Common auftat; möglicherweise war sie gerade jetzt flugs unterwegs nach Cornwall. Auf irgendeine Art und Weise musste die andere ihr folgen. Die Schuld lastete schwer auf meinem Herzen. Niemand durfte etwas erfahren. Wieder trat Schweigen ein, und als ich mich umsah, stellte ich fest, dass das Kinderzimmer im Schatten lag und aus der dahinterliegenden Halle kein Sonnenstrahl mehr hereinfiel. Bald wäre Sonnenuntergang. Zeit für die Schlange, zu sterben.

Ich rutschte ruhelos auf meinem Stuhl hin und her. Unsere Kinderfrau ahnte möglicherweise etwas und warf mir einen prüfenden Blick zu. Sie rührte noch einmal in ihrem Tee, doch ihr Blick ließ mein Gesicht nicht los.

»Ja«, sagte sie langsam, »ja, sie fahren nach Cornwall ...«

Ich fragte, ob ich aufstehen dürfe, und sie nickte wortlos. Ich schlüpfte aus dem Zimmer und rannte nach draußen zu dem Taubenkäfig. Ein Wunder war geschehen. Der Käfig war leer. Ich blickte hoch in die umstehenden Bäume, doch da war nichts. Beide Vögel waren ausgeflogen. Morgen würde es wegen meiner Nachlässigkeit Beschuldigungen, Vorwürfe und Schelte regnen. Das spielte keine Rolle. Die Tauben waren frei und ich ebenfalls, denn nun würde ich sie nicht mehr füttern oder ihren Käfig säubern müssen.

Ein flirrender Sonnenstrahl fiel auf die höheren Äste des großen Baums neben der Hintertür. Ich beobachtete, wie er verschwand. Als ich an den Baum trat, sah ich, dass das lange, dunkle Geschöpf nicht mehr länger zuckte. Die Schlange war tot.

Der Eisenbahnwaggon war voll. Wir waren in Begleitung unserer Mutter und einer neuen Kinderfrau. Außerdem eines Kindermädchens und einer Gouvernante für die Ferien. Tatsächlich hatte sich alles verändert, und es waren sehr viele Personen, die sich um drei kleine Kinder kümmerten.

Der Zug fuhr in einen geschäftigen Bahnhof ein. Es herrschten Durcheinander und Geschrei. Wir alle waren müde. Um uns aufzumuntern, sagte unsere Mutter: »Wenn wir Plymouth hinter uns haben, kommen wir zu einer Brücke, und sobald wir die Brücke überquert haben, sind wir in Cornwall.«

Voller Erwartung hüpften wir aufgeregt auf der Stelle. Das Warten war unerträglich. Die Erwachsenen lächelten geheimnisvoll. Endlich verließ der Zug den Bahnhof, und bald darauf war ein merkwürdiges Rattern zu hören, als die Waggonräder auf die Brücke auffuhren. Um unsere fieberhafte Erregung noch weiter anzustacheln, hob die Gouvernante warnend die Hand. »Macht schnell die Augen zu«, befahl sie, »und macht sie erst wieder auf, wenn wir in Cornwall sind.«

Wir gehorchten, doch ich schummelte und öffnete meine, während wir uns noch auf der Brücke befanden. Es gab nichts zu sehen, nur Ausschnitte von Wasser zwischen etwas, bei dem es sich wohl um Eisenträger handelte. Das Geräusch des ratternden Zuges war furchterregend. Im einen Augenblick war es hell, im nächsten dunkel, dann hell, dann wieder dunkel. Ich war verwirrt, und die wenigen Augenblicke kamen mir vor wie Stunden. Plötzlich brach das Rattern ab, und die Räder änderten ihre Melodie. Überall war Licht, und die Sonne strömte durch das Waggonfenster.

»So. Jetzt sind wir in Cornwall«, sagte unsere Mutter und lachte.

Ich blickte hinaus und war ernüchtert. Was war hier anders? Die Landschaft sah unverändert aus. Häuser auf einem Hügel, noch ein kleiner Bahnhof, sogar die Menschen und die Träger auf dem Bahnsteig waren gleich. Was hatte ich erwartet?

Alle fingen gleichzeitig an zu reden. Die neue Kinderfrau hantierte mit dem Picknickkorb. Man reichte uns Tassen voll Milch, belegte Brote, Rosinenbrötchen. Angeblich war etwas Gewaltiges geschehen, als wir von Devonshire nach Cornwall übergesetzt waren.

Tief enttäuscht starrte ich weiter aus dem Fenster. Es musste ein Irrtum sein. Irgendwo erwartete uns das verborgene Land. Das war es nicht.

Im Alter von fünf Jahren, Mullion Cove ... Im Alter von zehn Jahren, Kennack Sands ... Im Alter von neunzehn Jahren, der erste Blick auf den Hafen von Fowey ... Die Kinder, die die Tamar-Brücke nach Cornwall schon zuvor zweimal überquert hatten, waren größer geworden, obwohl die Jüngste noch immer ein Schulmädchen war.

Wir waren mit jeder Faser zu Abenteuern bereit, doch der Käfig hielt uns gefangen. Tatsächlich war der Käfig alles, was wir kannten. Der mit Sand bestreute Boden, die Körner, das Wasser, sogar die Stange, auf der wir hocken konnten, die Schaukel, um uns aufzuheitern. Wir waren umhegt, geliebt, beschützt. Kein Trio von Turteltauben konnte sich mehr wünschen.

Der Mietwagen kurvte schwungvoll um den Hügel, und unvermittelt tat sich unter uns in einem ausladenden Bogen der Hafen von Fowey auf. Der Kontrast zwischen der weiten Wasserfläche, den nahen Landungsbrücken, den ankernden Schiffen und auf der anderen Seite den grauen Dächern von Fowey, den auf dem Hügel gegenüber der Hafenmündung eng aneinandergedrängten Häuschen von Polruan und dem engen, klaustrophobischen Looe, wo wir die Nacht verbracht hatten, war erstaunlich, wie ein Tor zu einer anderen Welt. Plötzlich war ich hochfliegender Stimmung.

Der Mietwagen setzte unsere Mutter und uns am Fuß des Hügels bei der Fähre ab. Entweder konnten wir mit der Fähre nach Fowey übersetzen oder zuerst hier in Bodinnick im Ferry Inn zu Mittag essen. Es war beinahe ein Uhr, und wir entschieden uns für Letzteres. Bevor wir zum Mittagessen den Hügel hinaufstiegen, fiel unser Blick auf ein Schild an einem Tor gleich oberhalb der Fähre, auf dem »Zu verkaufen« stand. Hinter dem Tor war ein verwahrlostes Grundstück zu sehen und direkt am Ufer ein Haus, ein seltsam aussehendes Gebäude im Stil eines Schweizer Chalets.

»Ja«, sagte der Fährmann, der in der Nähe stand, »man nennt es Swiss Cottage. Früher wurden hier Boote gebaut, unten, und der zweite Stock wurde als Speicher benutzt. Der oberste Stock diente zum Wohnen. Ja, es steht tatsächlich zum Verkauf.«

Wir gingen in den Gasthof, um zu Mittag zu essen, und danach, beim Kaffee, unterhielt sich unsere Mutter mit dem Besitzer und erkundigte sich zuerst nach einer Unterkunft auf der gegenüberliegenden Seite in Fowey. Wir seien auf einer Reise durch Cornwall, erklärte sie, und sähen uns dabei nach einem Haus für die Ferien um; wir kämen aus London, aus Hampstead.

Ich war zu ungeduldig, um zu warten, als die Unterhaltung sich in die Länge zog. Ich gab den anderen mit dem Kopf ein Zeichen, dass sie mir folgen sollten, und überließ meine Mutter ihrem Gespräch. Wir gingen den Hügel hinunter. Meine Schwestern probierten das Tor nahe der Fähre und betraten das Grundstück. Ich machte noch ein Tor ausfindig und einen Pfad, der zur anderen Seite des Hauses führte. Hier gab es einen Garten, oder etwas, das einem Garten ähnelte, eine terrassierte Fläche über der anderen, und der Chaletteil des Hauses, der, wie es schien, gegen den Fels gebaut war, wies nach vorne mit Fenstern, die auf die Hafenmündung hinausblickten. Ich stand unterhalb des Chalets, das Wasser zu meinen Füßen, und schaute über die Hafenmündung. Überall lagen kleine Boote und Yachten vor Anker, doch noch aufregender war ein großes Schiff, das mit zwei Begleitschleppern näher kam und ein paar Kabellängen vom Haus entfernt festmachte.

In der Luft lag der Geruch nach Teer und Tauen und rostigen Ketten, der Geruch nach Tidenwasser. Unten am Hafen, hinter der Landspitze, erstreckte sich das offene Meer. Hier lag die Freiheit, die ich ersehnte, seit langem suchte, noch nicht kannte. Die Freiheit, zu schreiben, zu flanieren, zu wandern, die Freiheit, Hügel zu erklimmen, ein Boot zu rudern, allein zu sein. Es konnte nicht nur der Zufall sein, der uns zu dieser Fähre und an den Fuß von Bodinnick Hill geführt hatte, und damit zu dem Tor mit dem Schild, auf dem ›Zu verkaufen‹ stand. Mir fiel eine Zeile aus einem längst vergessenen Buch wieder ein, in der ein Liebender zum ersten Mal seine Auserwählte erblickt: »Ich für dies, und dies für mich.« Der Käfig war nicht verschlossen, und von den drei Tauben sollte ich die erste sein, die flügge wurde. Der Weg tat sich auf.

Die Erinnerungen stürzen auf mich ein, rasch und in großer Zahl. Ich lerne rudern, scullen, ein Kaninchen fangen und einen Fisch ausnehmen. Klettere auf die rostenden Rümpfe verlassener Schiffe. Bade nackt in einsamen Buchten. Schleiche mich heimlich auf Grundstücke, breche sogar in mit Läden verschlossene Fenster ein, meinen Mischlingshund auf den Fersen. »Wird es nicht langsam Zeit, dass Du nach London zurückkehrst? Wir können uns nicht vorstellen, womit Du Dir in Cornwall überhaupt die Zeit vertreibst. Mummy und Daddy vermissen dich schrecklich.« Ein zarter Hinweis meiner Tante und Patin, im Feuereifer ihrer Hingabe für die vereinte Familie. Sie war es, die mir mit fünf die Tauben geschenkt hatte. Der scharfe Holzgeruch eines Lagerfeuers. Das Brackwasser, wenn man ein sumpfiges Moor durchquerte. Die hohen Schornsteine des Jamaica Inn. Die herrliche Abgeschiedenheit eines grauen Herrenhauses tief zwischen hohen Bäumen und verwilderten Rhododendren, dessen Besitzer nie zu Hause war. Wenn ich beim Pferdetoto gewann, könnte ich vielleicht dort leben. Menabilly ... Menabilly ... Manderley ...

»On the road to Manderley,
Where the flyin' fishes play ...«

Eine Verwirklichung dieses Traums lag in weiter Ferne. Die Fensterluke, die auf den Hafen von Fowey hinausging, war noch immer mein Trost, und später ein gutaussehender Fremder auf einem vorbeifahrenden Motorboot, der zum Gruß winkte und später, bei Dunkelheit, mit der Schläue eines Soldaten ein Stelldichein mit mir verabredete. Ein paar Monate später schaute ich an meinem Hochzeitstag um acht Uhr morgens aus derselben Fensterluke und sah, dass die Häuser gegenüber geflaggt hatten, um die Braut zu grüßen, die übers Wasser zur Kirche fuhr und von der Hafenmündung aus zu ihrer Hochzeitsreise aufbrach, an den Helford River und zum Frenchman's Creek, in demselben Motorboot, das der Ort ihres ersten Stelldicheins gewesen war.

Später besaßen wir andere Boote, doch dies war seine erste Liebe, *Ygdrasil,* nach der Esche aus der nordischen Mythologie, unter der die Götter täglich ihren Rat abhielten. Jahr für Jahr wurden neue Maschinen eingebaut und wieder herausgerissen, in dem inbrünstigen Glauben, dass das Boot höchste Brecher bewältigen und auf ihnen zu fernen Horizonten segeln würde. Das Boot war unerschütterlich und ausdauernd und machte nie mehr als sieben Knoten. Und während ich dies in den sechziger Jahren niederschreibe, sind etwa vierunddreißig Jahre vergangen, und jetzt liegt es, dem Meer zugewandt, auf den Feldern Menabillys auf dem Trockenen, damit die Enkelkinder darin spielen können. In Nottingham erbaut, kreuzte es südwestlich in kornischen Gewässern und fand dabei, wie ihr Besitzer, Zufriedenheit. Weder das Soldatenleben noch die Kriege, für die Soldaten ausgebildet werden und in denen sie eines Tages kämpfen müssen, minderten seine Leidenschaft für das Meer.

Sein Beruf führte uns häufig von unserem geliebten Cornwall fort, doch wenn wir frei hatten und in den Ferien kehrten wir immer zurück. Einmal, von romantischem Eifer und von der Himmel weiß was für jungenhaften Träumen von Kavalieren und Rundköpfen beseelt, brachte er sein Grenadierbataillon nach Fowey und ließ es auf der Halbinsel Gribbin kämpfen. Der Kompaniekommandeur, der Befehl hatte, Gribbin anzugreifen, verirrte sich mit seinen Mannen hoffnungslos in den Wäldern von Menabilly und trat untröstlich den Rückzug an, das Ziel unerreicht. Heute ist dieser Kompaniekommandeur Generalmajor, und sollte ich ihm mit meiner Schilderung nicht ganz gerecht geworden sein, wird er mich in seinen Memoiren zweifellos berichtigen.

Der echte Krieg brach aus, hob Leben und Freizeit aus den Fugen, und inmitten all dessen wurde Cornwall damals für immer zu unserem wahren Zuhause. In Plymouth mochten die Bomben fallen, die Fenster klappern und über dem Strand von Pridmouth Minen explodieren, Fowey und sein Hafen zur Planung des D-Days der amerikanischen Marine überlassen werden, doch hier in Menabilly wuchsen die Kinder heran und gediehen. Jetzt haben sie ihre Schwingen ausgebreitet und sind ausgeflogen, wie vor langer Zeit meine Tauben aus ihrem Käfig. Die Tür stand offen. Wir glaubten nicht an Gitter.

Erinnerungen sind kostbar und, ob gut oder schlecht, niemals traurig. Ein Land, das man in all seinen Stimmungen kennt und liebt, webt sich in das Muster des Lebens ein und wird zu etwas, das geteilt und sichtbar gemacht werden muss. Wer in Cornwall geboren und aufgewachsen ist, hat gewiss das größte Verständnis für seine Menschen und ihre Lebensweise, für ihre Geschichte und ihre Legenden, ihre Möglichkeiten für künftiges Wachstum. Als eine, die seit langer Zeit versucht, dieses Land kennenzulernen, mit fünf Jahren auf der Suche nach Freiheit und später, um Wurzeln zu schlagen und Zufriedenheit zu finden, habe ich auf diesem Weg nur eine kurze Strecke zurückgelegt. Schönheit und Geheimnis locken noch immer.

1
Ursprünge und Annäherungen

Cornwall steht vom Rumpf Englands ab, wie Italien von der Landmasse Europas. Beide Halbinseln, so unterschiedlich sie von ihrer Größe auch sein mögen, sind einander von der Form her merkwürdig ähnlich; beide sind lang und schmal und enden in einer Zangenbewegung – die Klaue Cornwalls testet den grauen Atlantik, während der zarter geformte, hochhackige italienische Stiefel auf dem Ionischen Meer daherschreitet. Die Ähnlichkeit geht noch weiter, denn in beiden gibt es im Norden einen Fluss, der über die ganze Breite verläuft und gen Osten fließt: in Italien den Po, der in Monte Viso nahe der französischen Grenze entspringt und in die Adria mündet, in Cornwall den Tamar, der dicht an der Grenze zu Devon entspringt und zwischen Cornwall und Devon eine siebenundfünfzigeinhalb Meilen lange natürliche Grenze bildet, bevor er in den Ärmelkanal mündet.

Man könnte diese Analogie zum Äußersten treiben, indem man Italiens Rückgrat, das Zentralappenin, mit der Wirbelsäule Cornwalls vergleicht, mit dem hoch gelegenen Hinterland, das sich von Norden nach Süden über Bodmin Moor, die Uplands von St. Breock und die überraschende Peripherie des Kaolin-Gebietes erstreckt, das die Hensbarrow Downs beherrscht, wo weiße Erdhalden bis in den Himmel ragen, ein Bergrücken en miniature. Nach dieser Feststellung können die Parallelen als erledigt betrachtet, die Karte Europas zusammengefaltet werden, und Italien, diese Geburtsstätte des Römischen Reiches, diese Wiege der Renaissance, dieses jahrhundertealte Zentrum von Kunst und Gelehrsamkeit, das heute mit den

Leistungen seiner Industrie und seines Designs neue Höhen erreicht, der Unsterblichkeit überantwortet werden.

Cornwall, kaum bekannt und von geringer Bedeutung, bleibt das Anhängsel Englands. Es liegt noch immer abseits und von der als Fortschritt bejubelten Betriebsamkeit jenseits des Tamar auf wunderbare Weise abgeschieden. Trotz der scheinbaren Isoliertheit ist man sich dort jedoch bewusst, dass schon in jener längst vergangenen Zeit, als die Briten auf der anderen Flussseite noch ihre Äcker bestellten und das Vieh weideten, die ersten Siedler bei Land's End Zinn schürften und dank dieses Bodenschatzes mit Einwanderern aus Iberien und den östlichen Mittelmeerländern Handel trieben; auf diese Weise erhielten sie Eindruck von einer Kultur, die, alt und wundersam und bis dato unbekannt, die goldenen Halbmonde und die blauen Perlen Kretas auf kornischen Boden brachte.

Dies sind keine Phantasievorstellungen; diese Dinge wurden in den Hügelgräbern von Cornwall tatsächlich gefunden. Wer sie von ihrem Ursprungsort dorthin gebracht hat, wer die Abenteurer aus den Ägäischen oder den Myrtoischen Meeren waren, die mit ihren Schiffen den Atlantik überwanden, sich vom Anblick der zerklüfteten Küsten Britanniens und Irlands nicht entmutigen ließen und schließlich in Cornwall, im Fluss Hayle, Zuflucht fanden, lässt sich nicht mit Sicherheit in Erfahrung bringen. Man sagt von ihnen, sie seien klein und dunkel gewesen – doch das waren später auch die keltischen Einwanderer aus Frankreich. Romantiker des 19. Jahrhunderts und aus unserer Zeit, die für eine schwarzhaarige Schönheit in der Gegend von Camborne eine Erklärung suchen oder für einen dunkeläugigen Fischer, der in Mount's Bay anmutig und mit leichter Hand von einem Boot die Netze auswirft, würden darauf bestehen – und auch die Bewohner Cornwalls selbst glaubten das –, dass Männer und Frauen von so fremdartigem Aussehen von jenen unglücklichen Seeleuten abstammten, die an die kornischen Strände gespült wurden, als 1588 die Armada besiegt wurde. Falls dem so ist, waren diese spanischen Seeleute sehr begabt darin, Kinder zu zeugen und sich tausendfach fortzupflanzen. Logischer und aufregender ist es, ungefähr 1400 Jahre vor Christus zurückzugehen und sich andere dunkle Seefahrer mit schmalen Taillen und gezopften Haaren in Erinnerung zu rufen, deren Brüder zu Hause in Knossos vielleicht über den kretischen Stier gesprungen sind.

Unter der Oberfläche des kornischen Charakters schwelt, stets zum Ausbruch bereit, ein hitziger Unabhängigkeitsdrang, ein störrischer Stolz. Wie viel davon sich den Jahrhunderten der Abgeschiedenheit verdankt, als nach der Eroberung Britanniens durch die Römer der Handel aus dem Mittelmeer nicht mehr den Weg in die Flussmündungen des Südwestens fand, sondern aus dem römischen Frankreich direkt in die weiter östlich gelegenen Häfen des Ärmelkanals gelangte, und wie viel dem Erbe dieser dunkelhaarigen Invasoren mit ihren blauen Perlen und Goldringen, den Erben einer Zivilisation, die schon lange existierte, ehe Rom zum ersten Mal erwähnt wurde, ist etwas, das die Bewohner Cornwalls unter sich ausmachen müssen. Als Außenstehende mit bretonischen Vorfahren möchte ich gerne glauben, dass beide Völker, die beide an der Atlantikküste leben, an der identische Stürme toben und dieselben Nebelschwaden vorüberziehen, mit den Iren weiter westlich gemeinsame Vorfahren haben.

Der Aberglaube liegt allen drei Völkern im Blut. Felsen und Steine, Hügel und Täler wurden von Männern geprägt, die vor langer Zeit ihre Toten in großen Grabkammern bestatteten und die Erdgöttin anbeteten. Nirgendwo sonst in England finden sich diese Symbole östlicher Rituale, aber hier in Cornwall sind diese Gräber noch immer mitten unter uns. Große wettergegerbte und verwitterte Granitplatten, die mit einer weiteren mächtigen, schrägen Platte ein Dach bilden: Das waren die Grabstätten von Priestern und möglicherweise Königinnen. Inmitten von Stechginster und Gestrüpp auf Anhöhen gelegen, die Schätze, die sie einmal enthielten, längst von Barbaren geplündert und die Knochen in alle Winde zerstreut, stehen sie als Erinnerung an eine vergessene Lebensweise und einen ehemals lebendigen Kult. Manchmal passt die heutige Umgebung nicht – vielleicht ein kleines Feld und in der Nähe ein paar Bungalows. Dennoch hat weder das Alter ihre majestätische Schönheit zerstört, noch haben Pflug und Traktor ihre Fundamente zum Einsturz gebracht. Wie natürlicher Granit, von der Natur auf die Erde geworfen, trotzen diese Steine den Jahrhunderten. Neben ihnen zu stehen, ob auf den Höhen von West Penwith, zwischen Farnkraut bei Helman Tor oder in dem kleinen Feld oberhalb St. Cleers, bedeutet tatsächlich, eine Zeitreise zu unternehmen. Die Gegenwart schwindet dahin, Jahrhunderte lösen sich auf, der spöttische Lauf der Geschichte mit all seinen Triumphen und Niederlagen verliert seine Bedeutung. Hier, in dem moosbewachsenen Stein, liegt die Essenz der Erinnerung. Ob es sich um einen Priester handelte oder um einen Stammesführer, eine Königin oder Priesterin, die, mit feierlichen Riten auf die Reise in die Unterwelt vorbereitet, einst dort ruhten, ihnen allen war der Glaube an die Unsterblichkeit eigen, der von Anbeginn die Antwort der Menschheit auf die Herausforderung des Todes darstellte.

Das waren Cornwalls erste Gräber; doch über die gesamte Länge und Breite der Halbinsel verteilt gibt es noch andere Steine und andere Grabkammern, Hügelgräber und Gräben, Erdhügel und Kreise, sodass man sagen könnte, der Tod, ebenso wie das Meer, sei stets präsent. Auf einer Hügelkette oder -seite, vielleicht unter Dornengestrüpp oder Adlerfarn verborgen, ruht immer eine Erinnerung, wartet die Stille.

Spätere Generationen glaubten mit den von einer puritanischen oder methodistischen Erziehung hervorgerufenen Schuldgefühlen, alle aufrechten oder schief stehenden Steine seien Menschen, die von der gnadenlosen Hand Gottes versteinert worden seien, weil sie an einem Sonntag getanzt hätten. Zumindest erzählten sie das ihren Kindern, selbst wenn sie es möglicherweise besser wussten. Denn selbst wenn sie die Erdhügel und die alten, windschiefen Steine auf Feldern und zwischen dem Ginster damals womöglich nicht mit Tod oder Bestattung in Verbindung brachten, spürten sie doch, dass diesen Orten ein Zauber innewohnte, und dass, was immer sich unter einem brütenden Himmel dort auch finden mochte, besänftigt werden sollte. Ein unfehlbarer Instinkt forderte sie dazu auf, eine Hand auf den Erdhügel oder den Stein zu legen und auszuspucken. Wenn der Stein ein Loch hatte, wie der Mên-an-Tol in der Nähe von Lanyon, war es das Klügste, neunmal gegen die Sonne hindurchzukriechen. Gegen die Sonne zu kriechen »hielt Krankheiten ab«. In der Abgeschiedenheit Cornwalls bewahrte sich so ein altüberliefertes Wissen, ein intuitives Erfassen längst vergangener Gegebenheiten.

Die Unterwelt, die Unsterblichkeit versprach, barg ebenfalls Schätze, sodass die kornischen Männer von Anfang an nach Schätzen gruben. Sie schürften Zinn, suchten nach Kupfer, waren als Steinbrecher, Schiefer-Brecher, Lehmarbeiter, Bauern ein erdverbundenes Volk mit einem tiefen

Wissen um die Erde; das Wort erdig wurde nicht als Beleidigung, sondern als Gruß verstanden. Wer Cornwall, seine Bewohner und ihr Land verstehen will, muss auf seine Vorstellungskraft zurückgreifen und in die Vergangenheit reisen.

Die richtige Art und Weise, sich Cornwall zu nähern, ist über das Meer, von Südirland aus mit dem Schiff in die Flussmündung des Hayle, wie es in den Jahrhunderten vor Christus die ersten Siedler taten – um nach stürmischer Überfahrt mit meist südwestlichem, steifem Backstags- oder achterlichem Wind, ebenso plötzlich wie diese überrascht und erleichtert festzustellen, dass die ungastliche, von Felsen umschlossene kornische Klaue, die, auf Opfer aus, in den Atlantik hineinragt, unmittelbar nordwestlich ihres schartigen Buckels einen willkommen heißenden Hafen bietet. Damals wie heute besteht dieser Kontrast zwischen der abschreckenden Großartigkeit der Küste von Land's End mit den granitenen Felstürmen des Hinterlandes und der unvermittelten Weite der Bucht von St. Ives, wo ein schützender Landarm Untiefen, die gelben Sandflächen und die Mündung des Hayle abschirmt; doch im Gegensatz zu heute war der breite, tiefe Fluss früher über vier Meilen ins Landesinnere hinein der Tide unterworfen und bahnte sich seinen Weg bis kurz vor die Mount's Bay an der Südküste. Hayle war ein natürlicher Zufluchtsort, das offenkundige Zentrum einer Handel treibenden Bevölkerung, die, indem sie im Flusstal Passierwege anlegte, auf den Schiffen, die über die Atlantik- und Kanalrouten kamen, ihr Zinn gegen andere Güter tauschen konnte.

Im Lauf der Jahrhunderte ist die Flussmündung leider versandet. Eine schmale Fahrrinne, die zur Warnung wagemutiger Seeleute vor den allseits vorhandenen, gefährlichen Sandbänken hier und da mit ein paar Pfosten abgesteckt ist, führt zu dem einst blühenden Hafen. Nicht einmal Yachten wagen mehr die Passage, die den Seeleuten vor langer Zeit, im Bronzezeitalter, Schutz und die Gelegenheit zum Handel bot.

Bei einem heutigen Beobachter, der in den Sanddünen zwischen Grasbüscheln hockt und aufs Meer und die Untiefen hinausblickt, kann die Phantasie überborden und Reihe um Reihe bunt bemalter, flachkieliger Boote mit hohem Bug und auf Halbwind stehenden Segeln heraufbeschwören die mit der Flut in den Fluss einlaufen. Welch ein Geschrei und Gefluche, welch ein Gewirr aus mediterranem, gelegentlich irischem Geschwätz, wenn die Händler ihre Boote auf den Sand auflaufen lassen oder den Anker auswerfen, um das Boot in die Strömung zu drehen! Welch ein flinkes Be- und Entladen der Waren zwischen Schiff und Siedlung! Welch ein Festmahl nach getaner Arbeit bei einem Feuer aus Torf und Stechginster! Was für Treueschwüre bei Tanz und Eroberung!

Die Bilder verblassen, und der Träumende, vom Hocken in den Dünen steif geworden, sieht, wie der Sand im Lauf der Jahrhunderte in das Land an der Küste nördlich des Hayle vorgedrungen ist. In ferner Vergangenheit peitschten Hurrikane die aufgewirbelte Masse zu dichten Wolken empor, die über dem Land niedergingen. Ganze Hofstellen wurden überwältigt und sind heute verschüttet, während das unfruchtbare, Towand genannte Land aus Sand und Binsen – ein hartstämmiges Schilfgras, das früher einmal von den Bewohnern gepflanzt wurde, um den flüchtigen Sand festzuhalten –, sich über die Pfarreien Phillack und Gwithian bis dorthin erstreckt, wo das Gelände zur Landspitze Godrevy Point ansteigt. Es gab schon immer häufig Stürme und Unwetter, sowohl an der kornischen Nord-, als auch an der Südküste, die Verwüstung, Unglück und zahllose Wracks mit sich brachten, doch ein zerstörerischer Sandsturm war das grimmige Schicksal dieser Farmer in Gwithian in der Nähe von Hayle. Ein Wintersturm verausgabt sich nach einiger Zeit, das Wasser beruhigt sich, der Regen lässt nach; Sand jedoch ist ein heimtückischerer Gegner.

Im 19. Jahrhundert verlagerte sich in einem stürmischen Winter plötzlich der Sand, und die lange begrabene Hofstelle Upton war den Blicken freigegeben, Dach und Wände erhalten wie in einer pompejanischen Villa. Die Menschen kamen von nah und fern und staunten. Dann erhoben Wind und Sand sich wieder, und Upton Barton wurde aufs Neue begraben.

Jenseits von Upton, nahe der Stelle, wo der Fluss Connor sein rostiges Wasser ins Meer entlässt – der Fluss ist als »Der Rote« bekannt, wegen der Zinnrückstände, die von den alten Minen in der Nähe seiner Quelle ausgewaschen werden und die Oberfläche verfärben –, liegen unter dem Sand noch weitere Ruinen, die von Zeit zu Zeit von weidendem Vieh freigelegt werden. Hier liegt die Kapelle des heiligen Gothian, der der Pfarrei Gwithian seinen Namen gab und vermutlich ein Märtyrer war. Heute sind nur noch ein paar verstreute Steine übrig, aus dem Sand sickert es rot. Was für ein Mann es war, der hier gebetet und Erlösung gepredigt hat, weiß niemand zu sagen.

Mit dem Pilgerstab in der Hand und von christlichem Eifer beseelt, machten sich zahlreiche Pilger aus Wales und Irland auf den Weg nach Hayle und galten später dann als kornische Heilige. Ihre Namen sind Legion. Es gibt in ganz Cornwall mehr Pfarrbezirke, die nach ihrem Gründer-Heiligen benannt sind, als irgendwo sonst in England. Eines ist gewiss: Diese Heiligen hatten mit späteren Pfarrern wenig gemeinsam. Einige von ihnen waren Einsiedler oder heilige Männer, die sich mit Kräutern und Heilmethoden auskannten und Erben eines älteren Wissens waren; Magie im Zeichen des Kreuzes für einen guten Zweck. Sie lebten auf Felsen oder auf Felsvorsprüngen über einem Flussufer oder nahe der Küste, und die Gebete, die sie sprachen, riefen in den Bekehrten die Erinnerung an frühere Beschwörungen wach.

Andere blieben näher bei ihrer Herde und gewannen, wie die predigenden Methodisten unserer Tage und die französischen Arbeiter-Priester an der Werkbank, den Respekt ihrer Mitmenschen durch das Geschick ihrer Hände oder auch ihrer Zunge, und wurden so zu Anführern ihrer Gruppe. Was den heiligen Gothian angeht, dessen Gebeine vielleicht, vielleicht aber auch nicht auf den Towans unter den Ruinen der Kapelle liegen, tut man gut daran, sich vorzustellen, dass er irgendwo in der Nähe der Quelle des Connor Zinn schürfte und später mit rostig roten Knöcheln und sandverkrustet in die Bucht hinabstieg, um Dank zu sagen, als Zeichen seines Glaubens eine Donneraxt oder einen Pickel in der Hand.

Andere Heilige, wie der Waliser Samson, umgingen den vorhersehbaren Mangel an Gastfreundschaft in Hayle und gelangten über die Mündung des Camel nach Cornwall. Denn Cornwall kann man sich auf verschiedenen, früher einmal gefährlichen Wegen nähern, wie die Seefahrer und Heiligen, die der kabbeligen See und dem immer weiter vordringenden Sand im Hayle und im Camel trotzten, was heute nur den Unerschrockenen mit einer Begabung für Navigation empfohlen werden kann, oder gemächlicher wie der Yachtkapitän, der die breiteren, sichereren und viel eher willkommen heißenden Gewässer der Fal- oder Fowey-Mündungen ansteuert, wo die Häfen, anders als das vergessene Hayle, Schiffen aus aller Welt Zuflucht bieten und ein blühender Handel gedeiht. Diese Flussmündungen und ihre gewundenen, dicht bewaldeten Oberläufe scheinen Welten entfernt von den sandbedrängten Flüssen Hayle und Camel an der Nordküste, obwohl kaum mehr als sechzehn Meilen Fal von Ersterem und Fowey von Letzterem trennen.

Selbst das Klima ist moderater. Hier peitscht der Regen nicht über das hoch gelegene, kahle Gelände, wo die verkümmerten Bäume sich unter seiner Wucht biegen, sondern fällt als Geniesel. Hier herrscht eine schwerfällige Trägheit vor. Der Fremde, der den geschäftigen Hafen links liegen lässt und sein Boot vorsichtig flussaufwärts in die unvermittelte Windstille manövriert, setzt an einer tiefen, unbewegten Stelle oder einem Bach gähnend den Anker, um sich dann neben der Pinne zu räkeln, zu faul, um an Land zu rudern. Alles ist friedlich. Die Flut zieht sich zurück. Die locker bewaldete Uferböschung zu beiden Seiten, die auf den ersten Blick beinahe die Wasserlinie berührt, scheint weiter entfernt. Darunter bilden sich triefend weiche Schlammbänke oder kleine, steile Strände aus grauem Schiefer.

Außer den Möwen, die den Weg in den Hafen weisen, gab es bisher keine Vögel. Jetzt sind sie überall. Austernfänger – für die Bewohner Cornwalls »sea-pie« – stoßen mit kurzen, durchdringenden Schreien wie schwarz-weiße Blitze auf die Schlammbänke herab. Die kleineren Rotschenkel und Sanderlinge trippeln umher und suchen den Schiefer ab. Weiter flussaufwärts, wo der abgestorbene Ast eines umgestürzten Baums mit Seegras behangen über dem Wasser lehnt, stakst, steifbeinig wie ein feierlicher Gelehrter, der befürchtet, eine Galosche zu verlieren, ein Reiher daher, dann bleibt er plötzlich stehen und döst, mit aufgestellten Flügeln, den Kopf zwischen die Federn gesteckt, vor sich hin. Später lässt die Flut nach, die Bäume verdüstern sich, und die Vögel schweigen. Man hört keinen Laut außer dem Glucksen des Wassers an der Ankerkette, es sei denn der Yachtkapitän hat Glück und hört in den magischen Momenten vor Einbruch der Dunkelheit den Ziegenmelker singen. Es ist ein Ruf wie kein anderer, sirrend, tief und seltsam unwiderstehlich. Wenn man ihn zum ersten Mal hört, kommt einem weder ein Vogel noch sonst ein Tier in den Sinn, sondern eine längst vergessene Spezies, eine Kreuzung zwischen einer schuppenbedeckten Echse und einer Kröte; in diesem Ruf liegt keine Süße, weder das Leidenschaftliche der Nachtigall noch das Ahnungsvolle der Eule; dieser Ruf ist primitiv, insistierend, steigt rhythmisch an und ab; er ertönt nicht von der bewaldeten Böschung, sondern aus dem offenen Gelände dahinter, wo der Ziegenmelker sich zwischen Fingerhut und Stechginster verbirgt.

Die Stille im Oberlauf des Fowey wie auch dem des Fal und des Helford, die heute als flüchtige Störung vom Tuckern der Diesel- und Außenbordmotoren durchbrochen wird, war in ferner Vergangenheit weniger durchdringend. Damals waren die verzweigten Wasserläufe bis weit ins Inland der Tide unterworfen, und Schiffe mit großem Tiefgang konnten ihre Ladung noch in den alten Flusshäfen löschen, aus denen mittlerweile schläfrige Dörfer am Flussufer geworden sind. Gweek und Constantine am Helford, Tregoney am Fal, Lostwithiel am Fowey kannten selbst im 16. Jahrhundert, als die Fahrrinnen tief genug waren, dass die Schiffe vor Anker gehen oder an den steinernen Hafenmauern festmachen konnten, noch maritime Größe. Eine weitere Flussmündung, die heute versandet und unüberwindbar ist, schnitt bei Tywardreath ins Inland bis zur

St. Blazey-Brücke, und wenn der Blick zwischen den Hügeln dem Verlauf des Marschlands folgt, wo heute die Eisenbahntrasse entlangführt, wird sofort offensichtlich, warum König Marke von Cornwall seine Festung auf der Anhöhe von Castle Dor errichtete: Von dort aus konnte er im Osten wie im Westen die Durchfahrt zum Meer kontrollieren.

So also näherten sich früher die Seefahrer Cornwall. Die Invasoren, die über Land kamen, mussten zuerst den Tamar überqueren, und der Reisende, der diese Reise heute mit einem schnellen Auto unternimmt, kann für einen kurzen Augenblick zum römischen Legionär oder sächsischen König werden.

Heute, in den sechziger Jahren des 20. Jahrhunderts, führen wohl dreizehn Brücken über den Tamar, die letzte, die parallel zu Brunels Eisenbahnbrücke von Plymouth nach Saltash verläuft, ist erst drei Jahre alt. Als die Normannen England eroberten, gab es keine Brücke, und die Römer, ebenso wie die Sachsen, mussten den Fluss weit oben nahe der Quelle überqueren oder über das marschige Flussbett hinaus bis zu dem höher gelegenen Gelände dahinter marschieren, wo nur ungefähr vier Meilen den Tamar vom Meer trennen. Hätten findige Arbeiter in der Vergangenheit einen großen Graben gezogen, der die Quelle des Tamar mit dem kleineren Fluss verband, der dort in der Nähe entspringt und nach Marsland Mouth hinabfließt, wäre Cornwall eine Insel geworden. Die Invasion hätte vielleicht ein Jahrzehnt länger aufgehalten werden können. Tatsächlich aber kam der Feind zu Pferd, eroberte das Land und stellte fest, dass der Höhenzug, der quer über die schmale Breite Cornwalls verläuft, ein Rückgrat bildet.

Heute verläuft auf denselben, ausgetretenen Pfaden eine

Hauptstraße, die den Reisenden nach Camelford führt, wo der Sachse Egbert bei Slaughter Bridge die Bewohner Cornwalls besiegte. Falls der Reisende, anders als Egbert, friedlich gesonnen ist und Erkundungen liebt, steigt er möglicherweise aus dem Wagen, klettert die Uferböschung hinunter und versucht, die Quelle des Tamar zu finden. Das wird ihn viele Stunden kosten, in denen er enttäuscht durch den Morast stapft, bis ein Rinnsal, das in einem Moor entspringt und nach Osten fließt, ihn einem Gefährten, der sich drei Felder weiter außer Hörweite befindet, »Heureka!« zurufen lässt. Vielleicht hat er den Tamar gefunden, vielleicht nicht, doch um welchen Fluss es sich auch handeln mag, sein Triumph ist vollkommen, und er kennt den Stolz des Eroberers.

2
Auf der Suche nach Artus und Tristan

Was Theseus für Griechenland, ist Artus für Cornwall. Überall begegnet man seinem Mythos. Hier, an dieser Stelle, saß oder schlief Artus; auf diesem Fels hielt er ein Festmahl ab; und er jagte in diesem Moor; Tintagel war sein Geburtsort, Castle-an-Dinas sein Jagdhaus; bei Slaughter Bridge in der Nähe von Camelford wurde er tödlich verwundet, sein Grab befindet sich in den Warbstow Burrows. Nicht nur in Cornwall, auch in Somerset und Wales und jenseits des Ärmelkanals, in der Bretagne, ist Artus ein Held, ein keltischer Krieger, ein bretonischer Prinz, ein kornischer König. Barden sangen sein Lob, Geschichtenerzähler schilderten seine furchtlosen Taten, Schlachten und Eroberungen, und wenn die Menschen in späteren Jahren den sächsischen Königen von England Tribut zollten, flüsterten sie einander zu, Artus werde zurückkommen und sie befreien. Die Chronisten des Mittelalters schrieben, dass König Artus das Zeitalter des Ritters, des Lanzenstechens, der Turnierkämpfe und der Rettung durch Zauberer oder Räuber bedrohter Jungfrauen begründete sowie die Suche nach dem Heiligen Gral – auf diese Weise entstand die Sage von der Tafelrunde.

Mythen haben ihren Ursprung in Herzen, die Trost oder eine Antwort auf den Konflikt zwischen Gut und Böse suchen. Sagen jedoch, die mit einem Mythos verwoben sind, so primitiv dieser auch sein mag, basieren auf historischen Tatsachen. Ende des 5. Jahrhunderts gab es tatsächlich einen Artus, einen christlichen Krieger, vielleicht handelte es sich um einen kornischer Stammesführer, der gegen die sächsischen Könige kämpfte. Der Rest ist Aberglaube. Doch die Überlieferung, dass er auf kornischem Boden geboren wurde, dort lebte, kämpfte und starb, ist dem kornischen Herzen so kostbar, dass sie, ungeachtet aller Ansprüche aus der Bretagne, aus Somerset und Wales, offenbar auf Tatsachen gründet und in die Geschichte eingegangen ist. Die Sage, sein magisches Schwert Excalibur sei nach seinem Tod von einem seiner Krieger in einen See geschleudert, seine Leiche auf demselben See in eine Barke gelegt worden und, bewacht von drei weinenden Königinnen, von dort ins Tal von Avalon gelangt, bleibt ein Traum für romantische Gemüter.

Die Geschichte von Artus ist eigenartig verflochten mit der eines anderen kornischen Königs, der möglicherweise ein Zeitgenosse von ihm oder sein Nachfolger war. Marke, oder Marcus, war im 6. Jahrhundert oder früher König; Castle Dor, einst die Hochburg des Stammesführers Gorlois, war seine Festung. In der Artus-Sage wird Gorlois ermordet und Igraine, seine Frau, von Uther Pendragon verführt und so Artus' Mutter. Später, als Artus Stammesführer ist oder König, wird seine Frau Guinevere ihrerseits von Lanzelot verführt, einem Ritter an Artus' Hof und vom König wohlgelitten. Verführung und Verrat finden sich auch bei König Marke, der seinen Neffen Tristan aussendet, um ihm eine irische Braut zu holen, Prinzessin Isolde. Die Geschichte vom Liebestrank, der dem Paar von Isoldes Dienerin Bronwyn verabreicht wird, als das Schiff die Braut nach Cornwall bringt, ihre hoffnungslose Leidenschaft und König Markes Eifersucht sind weltberühmt, berühmter sogar noch als Artus' Liebe zu Guinevere.

Drei Könige mit den gleichen ehelichen Schwierigkeiten ... das strapaziert die Glaubwürdigkeit ein wenig. Doch da ihre Königreiche entweder identisch waren oder aneinandergrenzten, könnte die Antwort lauten, dass einer der Könige ursprünglich der Hahnrei war und die anderen später durch Klatsch und Tratsch falsch dargestellt wurden. Das Thema des eifersüchtigen Ehemanns und der untreuen Geliebten gab es schon lange, bevor die ersten Geschichten darüber erzählt wurden, und in den frühen Jahrhunderten nach Christus sorgte es wohl eher für Scherze und Schadenfreude denn als Anregung für Geschichten von ungewolltem, aber leidenschaftlichem Verrat, wie sie später von Dichtern und Schriftstellern beschrieben wurden.

Menschen mit einer Vorliebe für Ortsnamen und Etymologie, einem Hang zu alten und neuen Landkarten und dem Bedürfnis, auf Berg und Tal der Vergangenheit nachzuspüren, haben an dieser Suche schon lange ihre Freude und werden sie auch weiterhin haben. Camelot, einer der legendären Aufenthaltsorte von Artus' Hofstaat, und die Kleinstadt Camelford waren für Enthusiasten früher synonym, nicht nur wegen der Nähe der Letzteren zu Slaughter Bridge, wo, historisch verbürgt, das kornische Volk gegen die Sachsen kämpfte und geschlagen wurde, sondern auch, weil es ungefähr fünf Meilen von den Ruinen der Burg Tintagel entfernt liegt, die – für diese Enthusiasten wenig erfreulich – erwiesenermaßen in normannischer Zeit errichtet wurde. Cadbury Hill in Somerset, wo heute archäologische Ausgrabungen stattfinden, mag sich noch als das sagenumwobene Camelot herausstellen, doch während wir auf die dortigen Funde warten, bestehen kornische Ansprüche auf andere Artus-Stätten.

Charles Henderson, der vielleicht hervorragendste kornische Gelehrte und ein Naturtalent der Forschung, der 1933 dreiunddreißigjährig starb, zitierte die walisischen Triaden, die besagen, dass »Kellywick in Cornwall« König Artus' bevorzugter Aufenthaltsort gewesen sei; Kellywick oder Killibury, eine auf einem Hügel gelegene Burg zwischen den Flüssen Allen und Camel, war seiner Meinung nach ebendieser Ort. Kelly bedeutet in der kornischen Sprache Wäldchen; heute besteht der Ort aus zwei kreisförmigen Erdgräben, deren Böschungen mit Dornensträuchern und Brombeeren überwachsen sind. Derart gelegen und mit einer weiten Sicht über die Camel-Mündung und auf die aus Westen herannahenden Feinde muss dieser riesige, geschlossene Kreis vor etwa fünfzehnhundert Jahren jedoch eine gewaltige Festung gewesen sein.

Diejenigen von uns, die mit Tennysons *Königsidyllen* und Malorys *Der Tod Arthurs* großgeworden sind, müssen ihre Erinnerungen an zinnenbewehrte Burgen und Rüstung tragende Ritter beiseitelassen, die unsere kindlichen Versionen bebilderten. Die Hügel-Burgen in den ersten Jahrhunderten nach Christus waren zu Verteidigungszwecken angelegte, kreisförmige Erdgebilde, manchmal drei Gräben tief, und innerhalb dieser Festungswälle standen hölzerne Hütten, in denen die Bewohner aßen und schliefen. Die prächtigste Hügel-Burg in ganz Cornwall ist Castle-an-Dinas oberhalb St. Colomb, westlich der großen Straße, die über den kornischen Höhenrücken führt. Hier misst der innere Kreis ungefähr vierhundertfünfzig auf fünfhundert Meter und bot genügend Platz für Stallungen, Getreidespeicher, Backhäuser, Speiseräume, Schlafquartiere und eine ganze Armee von Kriegern. Welche Könige auch immer Cornwall vor der Eroberung durch die Normannen regierten, Castle-an-Dinas muss ihr wehrhaftester Standort gewesen sein; über zweihundert Meter hoch gelegen, gebietet es über Straßen und Meer. Die anderen Hügel-Anlagen ähneln von ihrem Charakter eher

Außenposten, waren Wachtürme oder Festungen weniger bedeutender Anführer.

Ein weiterer Ort, der in der Artus-Sage großen Raum einnimmt, ist der Palast von Carlyon, wo der König mit Guinevere Hof hielt. Carlyon – 969 v. Chr. Caerlydan – südlich des Flusses Fal gelegen, ist eine Erd-Anlage oder ein Erdrund und vor allem deshalb interessant, weil in eineinhalb Meilen Entfernung Nansavvalan oder Avallen liegt, kornisch für Apfelbaum.

War dieses Avallen, Avalon, der Ort, wohin die weinenden Königinnen Artus brachten? Die Aufregung steigt. In der Nähe von Nansavallan verläuft ein Fluss und mündet in einen der langen, geraden Flussabschnitte des Fal. In längst vergangenen Jahrhunderten war dieser Abschnitt breiter und tiefer. Wurde Artus nach seiner Verwundung in der Schlacht, der Überlieferung zufolge vielleicht bei Slaughter Bridge, in einer Sänfte in seine in Carlyon gelegene Festung gebracht, und bat er seine treuen Gefolgsleute sterbend darum, ihn auf dem Fluss in der Nähe von Avallen, wo die Apfelgärten lagen, in eine Barke zu legen?

Man muss sich Straßen, Gehöfte, Bungalows wegdenken, den Anblick der veränderten Konturen ausblenden. Dieser Treck über Hügel, Fluss und Tal, so enttäuschend er auch gewesen sein mag, befeuert den Spürsinn des Amateurforschers. Die Antwort liegt in der Zeit begraben, die Suche ist alles.

Nichts anderes ruft eine so fieberhafte Erregung hervor wie die Suche nach der Vergangenheit, nichts anderes bringt das Blut so sehr in Wallung wie das Graben nach einem verborgenen Schatz, und wer daran teilnimmt, ist für gegenwärtige Übel verloren. Einer meiner Onkel, der Bruder meiner Mutter, war ein fanatischer Sucher. Er schwor, sämtliche von Bacon verfassten Manuskripte Shakespeares lägen tief im Flussbett des Wye begraben. Wie tief er hineinwatete, wie lange er suchte, weiß ich nicht, doch er starb mit achtzig Jahren, und seine These war noch immer unbewiesen. Vielleicht hat sich dieses Leiden vererbt. Alles, was ich weiß, ist, dass ich viele verschlammte Gräben und Brombeerhecken durchforscht habe und glaubte, zunächst auf Artus', dann auf Tristans Spuren zu wandeln. Mein Mann, mit dem professionellen Blick des Soldaten und einer Wertschätzung für Anhöhen, erklärte, dass Castle-an-Dinas und Castle Dor in den alten Tagen gegen alle Ankömmlinge hätten gehalten werden können. Für Tintagel als Landungsstelle für Tristan und die Braut seines Onkels hatte er nur ein verächtliches Lachen übrig. Nicht einmal eine Ziege, die einen flachkieligen Kahn befehligte, würde mit ihrem Boot dort landen. Der Hayle vielleicht, da Isolde aus Irland kam, oder selbst der Camel, doch der Fal eher als diese beiden, falls Carlyon der Ort der Begrüßung wäre, oder, falls Marke seine Braut lieber in Castle Dor willkommen heißen wollte, die Par- oder die Fowey-Mündung.

Wie oft sind wir mit Feldstechern und Karten bewaffnet, mal optimistisch, mal entmutigt herumgeklettert, immer wieder angetrieben von Sir Arthur Quiller-Coach, dessen Beharrlichkeit wiederum auf einen Professor Loth zurückzuführen war, der sie aus dem frühest erhaltenen Manuskript der Tristan-Reihe transkribiert hatte – aus *Der Tristanroman* des Chronisten Béroul aus dem 12. Jahrhundert. Demzufolge stand König Markes Palast in Lancien, der alten Bezeichnung für Lantyan, heute eine nahe am Fluss Fowey gelegene Hofstelle bei Castle Dor. 1936 und 1937 auf dem Gelände von Castle Dor durchgeführte Ausgrabungen, die von Dr. Singer angeregt und von C. A.

Ralegh Radford und dem Cornwall Excavation Committee in die Tat umgesetzt wurden, bewiesen, dass die Forscher recht hatten. Sie datierten die erste Erdbefestigungsanlage in Castle Dor zurück ins 2. Jahrhundert vor Christus. Es handelte sich um ein befestigtes Dorf, und die dortigen Funde legten nahe, dass die Bewohner mit Zinn gehandelt und Verbindungen in die Bretagne unterhalten hatten.

Während der über drei Jahrhunderte dauernden Besatzung Cornwalls durch die Römer wurde die Anlage aufgegeben. Später, ungefähr im 5. Jahrhundert nach Christus, wurde die Mitte der Festung zur Wohnstätte eines Stammesführers, mit einem großen Saal für den Herrscher und einem Wachhäuschen am Eingangstor. Hier befand sich ohne jeden Zweifel das ursprüngliche Lancien, Festungsanlage König Markes. Als 1939 der Zweite Weltkrieg ausbrach, stoppten die Grabungen und wurden bis in die sechziger Jahre des 20. Jahrhunderts hinein nicht wieder aufgenommen.

Doch schon jetzt, 1966, findet man in Castle Dor keinerlei Ausgrabungsspuren mehr; die Anlage ist erneut in einen Zustand bröselnder Erde und brombeerüberwucherten Gräben zurückgefallen. Im Frühjahr wurde die Mitte der Anlage, wo einst Markes ungefähr dreißig Meter lange Great Hall mit ihren Seitenflügeln, ihrem gezimmerten Dach und ihrer Giebelveranda stand, unter den Pflug genommen. Inzwischen ist alles untergegraben; Stallungen, Getreidespeicher, Wachhäuschen, Herrschersaal liegen mit den Hütten der Siedler aus der Eisenzeit in einem wilden Durcheinander, um nie wieder von Pickel und Spaten gestört zu werden. Weder Geld noch Interesse reichen aus, um ein weiteres Unternehmen zu finanzieren. Der Traum, eines Tages die ganze Anlage – die ersten Fundamente der bretonischen Händler – freigelegt und die Restaurierung von Markes Palast zu nahezu ursprünglicher Form zu sehen, wird unerfüllt bleiben.

Ein Wanderer, der sich lebhaft an die alten Sagen erinnert, kann sich auch heute noch auf den Außenwall von Castle Dor stellen und zunächst nach Westen blicken, in Richtung Meer, wo einst die Mündung des Par die Küste durchschnitt, dann nach Osten zum Fluss Fowey, der unter der Kirche St. Sampson in Golan in Windungen zu der bewaldeten Uferböschung unter der Farm Lantyan hinunterfließt. Dem französischen Chronisten Béroul zufolge hörte Königin Isolde in der Kapelle St. Sampson die Messe; ihr Stelldichein mit dem Geliebten fand am Fluss statt, während der eifersüchtige König sich in einem nahe gelegenen Obstgarten aufhielt. Die Ortsbezeichnungen auf einer alten Karte der Farm Lantyan verweisen auf die Geschichte – Mark's Gate, Pilfer Gate und Prior's Meadow. Möglich, dass der König auf dem Gelände des heutigen Farmhauses oder eher in Flussnähe ein weiteres Quartier besaß und zusätzlich eins für die Königin, die besseren Schutz und mehr Privatsphäre boten als die Garnison auf dem Hügel. Unterhalb der Festungsanlage entspringt ein Bach und fließt durch abschüssiges Gelände nach Woodget Pyll und von dort in den Fowey. Heute ist dieser Bach nur noch ein Rinnsal neben dem Weg, doch vor noch nicht einmal hundert Jahren sprachen die Alten in der Nachbarschaft von diesem Bach als Deraine Lake und erzählten, dass er vor langer Zeit einen See gebildet habe, auf dem Schwäne schwammen, und dass ein König ihn für seine Königin angelegt habe. Deraine Lake … Lac de la Reine? Eine seltsame Überlieferung, die sich fünfzehnhundert Jahre erhalten hat und derer man sich heute noch erinnert.

Heute gibt es Schwäne in Woodget Pyll, und bei Hochwasser, wenn die einlaufende Flut die Schlickbänke überschwemmt und der Bach sich tatsächlich in einen See verwandelt, kann man sehen, wie sie gegen die Flut ankämpfen und einem Boot gleich eine Heckwelle hinter sich herziehen. Der Weg hinauf zum Waldrand führt an Woodget Pyll entlang, an der Farm Lantyan vorbei und dann wieder abwärts zu dem weiter entfernten Bach, der unter dem Viadukt hindurchfließt. Dieser Weg wurde später zu einem unserer liebsten Spaziergänge, und die Suche nach Tristan ging uns dabei nicht aus dem Kopf. Eine der Inseln, die sich bei Rückgang der Flut dank der Schlickbänke in den Bächen bilden, hätte die Kampfstätte sein können, wo Tristan den irischen Boten Morholt zum Zweikampf herausforderte und, so berichten es die Chronisten, es ihm überließ, sich schwimmend in Sicherheit zu bringen – ein Hauen und Stechen zu Fuß, bei dem beide Kontrahenten sich im Schlamm herumquälten.

Die possenhafte Natur dieses Kampfes ergibt im Zusammenhang mit älteren Traditionen durchaus einen Sinn, denn Béroul, von ritterlicher Höflichkeit unbeleckt, beschreibt die Großtaten seines Helden Tristan lebhaft und mit Gusto. Marke, Isolde und Tristan bilden ein Dreieck aus eifersüchtigem Ehemann, untreuer Ehefrau und feurigem Liebhaber, die beiden jungen Leute sind zum Betrug äußerst entschlossen. Die Szenen sind clownesk in ihrer Schlichtheit und so angelegt, dass die Zuhörer sich vor Lachen zu biegen. In der Absicht, seiner Frau eine Falle zu stellen, bestreut König Marke den Fußboden neben dem Bett mit Mehl, um so die Abdrücke von Tristans nackten Füßen festzuhalten. Der arglistige Liebhaber hat dafür jedoch nur ein Lächeln übrig, springt aus einiger Entfernung im Laufschritt ins eheliche Lager und lässt das Mehl unberührt. Von daher stammt ohne Zweifel der berühmte »Saut Tristan«, der spätere Heldenmut des höfischen Ritters. Béroul wiederum schildert, wie Tristan, als Pilger verkleidet, an der Mal Pas genannten Furt auf die Königin wartet, die dort nach Carlyon überwechseln will. Dabei handelt es sich keineswegs um eine ritterliche Geste. Vielmehr hatten die beiden den Plan gefasst, dass sie sich rittlings auf seine Schultern setzen sollte, und wenn sie dann stolperten und in den Schlamm stürzten, könnten sie sich eine Weile Zeit lassen, bis sie sich wieder voneinander lösten. So könnte die Königin später ihrem Herrn, dem König, schwören, sie habe mit keinem anderem Mann zusammengelegen, außer mit einem Pilger. Mein Mann war verärgert, als ich ihm diese Version schilderte, und sagte, ich hätte eine jugendliche Illusion zerstört.

Wir fuhren noch einmal an die Ufer des Flusses Fal und standen in Malpas, dem Mal Pas des Gedichts, und blickten zwischen Tresillian und den Truro Reaches auf den Zusammenfluss der beiden Gewässer hinab, wo heute noch eine Passagierfähre verkehrt. Die Flut stand hoch, die Flüsse waren breit, kleine Segelboote schaukelten an ihren Ankerplätzen, und die Schlammbänke, wo Tristan und die Königin gestürzt waren, waren vollständig mit Wasser bedeckt. Mein Mann, der den Schauplatz mit seinem Fernglas absuchte, wurde plötzlich von Nostalgie ergriffen und erinnerte mich daran, dass wir auf unserer Hochzeitsreise an dieser Stelle eine Nacht auf seinem Motorboot *Ygdrasil* verbracht hatten, und dass dort irgendwo im Schlamm nicht nur Tristans und Isoldes Spuren begraben waren, sondern auch ein sehr geschätzter Spüllappen, der sich an Bord befunden hatte, seit er sein Boot zum ersten Mal ins Wasser gelassen hatte, den er seit fünfundzwanzig Jahren vermisste. Ich brauchte nicht daran erinnert zu werden.

Wir fuhren weiter, ohne das über uns gelegene Wohngebiet St. Clement zu beachten, wo sich früher einmal der Wald von Morest befunden hatte – und wo, Béroul zufolge, Tristan und Isolde Marke entwischt waren und sich wochenlang versteckt gehalten hatten. Nachdem wir Truro hinter uns gelassen hatten, hielten wir einmal mehr nach dem untergegangenen Palast von Carlyon und den Apfelgärten von Avalon Ausschau. Wälder und Bäche gab es reichlich, auf der Straße fuhren brummend Autos an uns vorbei, doch Apfelbäume waren nirgends zu entdecken. »Vielleicht«, sagte ich, »stimmt nichts von all dem, und es gab nie ein Boot und auch keinen sterbenden Artus, zumindest nicht hier«; doch mein Mann hielt hartnäckig an seinem Traum von den weinenden Königinnen fest, und wir kämpften uns durch den Wald bis zu dem verschlammten Bach, der in den Fal mündet, und stellten uns dabei vor, wie eine niedrige Barke mit hohem Bug mit der auslaufenden Flut flussabwärts trieb, um die Mündung zu erreichen und dahinter das Meer.

»Was dann?«, fragte ich.

»Das Versunkene Land von Lyonesse und die Inseln der Seligen«, antwortete mein Mann und ließ sein Fernglas sinken; sein Blick in die Vergangenheit ungetrübt, sein Glaube an die Zukunft unerschütterlich.

Artus starb auf See oder in den Apfelgärten von Nansavallan; das Schicksal Tristans scheint eher gewiss, obwohl Béroul mitten in seinem Gedankenfluss abbrach und sein Gedicht unvollendet ließ, damit andere es ergänzen sollten. Spätere Versionen sprechen davon, dass Tristan in die Bretagne floh, dort eine zweite Isolde fand und der ersten untreu wurde. Von einer vergifteten Waffe verwundet, schickt er nach seiner früheren Geliebten, sie möge kommen und ihn heilen, und er bittet darum, das Schiff, auf dem sie komme, solle ein weißes Segel hissen; falls sie ihn nicht mehr liebe, solle sie die Seeleute bitten, ein schwarzes zu setzen. Tödlich verwundet, wartet er auf die Ankunft des Schiffes, doch die zweite Isolde ist eifersüchtig; sie sucht den Horizont ab und sagt ihm, dass sich ein Schiff mit schwarzen Segeln nähere. In seiner Verzweiflung stirbt Tristan. Die kornische Königin, treu bis zuletzt, landet auf bretonischem Boden, und als sie ihren Geliebten tot antrifft, stirbt sie ebenfalls.

Diese Version der Geschichte mit ihrem seltsamen Echo einer anderen, älteren Überlieferung, kann vernachlässigt werden. Sie erinnert an die Sage von Theseus, der nach der Vernichtung des kretischen Minotaurus nach Athen zurückkehrte, wo ihn sein Vater erwartete. Dem sollte bei der Überfahrt ein weißes Segel signalisieren, dass sein Sohn sich in Sicherheit befand, und ein schwarzes, dass er gestorben war. Tristan starb in Cornwall, ob durch einen vergifteten Speer aus der Hand seines Rivalen König Marke oder durch eine Verwundung in der Schlacht, ist nicht mehr zu ermitteln. Wahrscheinlich eher Letzteres. Denn nicht mehr als eineinhalb Meilen von König Markes Festung Castle Dor, dem alten Lancien, entfernt, steht eine zwei Meter siebzig hohe Säule mit der Inschrift »Drustans Hic Iacit / Cvnomori Flilius«. Commorus oder Quonomorus wurde von den Gelehrten als Marcus oder Marke identifiziert, König von Cornwall, und Drustans als Tristan, und für die weniger Gebildeten unter uns lautet die Übersetzung dieser Inschrift: »Hier liegt Tristan, Sohn des Marke«.

Der Stein stand nicht immer an den Four Turnings, sondern irgendwo in der Nähe, seine exakte Position ist nicht überliefert. Hätte man auf dem Gelände zu beiden Seiten der alten Kreuzung Ausgrabungen angestellt wie bei Castle Dor, wäre man vermutlich auf die Grabstätten von Kriegern und Tristans Grab gestoßen. Die Inschrift »Sohn des Marke« auf dem Stein legt nahe, dass der König, selbst wenn die Liebesgeschichte wahr und damit sogar noch mehr und noch stärker gegen das Gesetz verstoßen hätte, als sie von den Chronisten geschildert wird, sich durch den Tod seines Sohnes persönlich nicht entehrt fühlte. Die Säule, ein Denkmal für den kämpfenden Prinzen, hat seit dem 5. Jahrhundert vor Christus alle Zeiten und Spekulationen überdauert.

Ein Stein, der an den König erinnert, wurde nie gefunden, nicht von Pflug oder Spaten in der aufgebrochenen Erde freigelegt; doch weitere eineinhalb Meilen Richtung Meer, über dem weiten Panorama der Bucht von Par, steht ein altes Haus auf Fundamenten aus dem 14. Jahrhundert. Sein Name lautet Kilmarth. Das Wort bedeutet auf Kornisch Rückzugsort des Marke. Der Gedanke, dass dieser Ort – früher das Zuhause Professor Singers, der die Ausgrabungen angeregt hatte –, der letzte Außenposten eines gealterten Königs war, der, aller Leidenschaften ledig und alle Eifersucht begraben, dort in Frieden auf das offene Meer hinausblickte, ist seltsam berührend.

3
Klima

Vor ungefähr einhundertfünfzig Millionen Jahren, heißt es, war Cornwall, oder das, was es damals davon gab, von tropischen Meeren umspült, und später, nach Anbruch der Eiszeit, wurde es von eisigen Winden beherrscht. Im Lauf vieler weiterer Jahrhunderte veränderte sich das Klima erneut, zu wärmeren Sommern und nassen Wintern, bis irgendwann einmal – wie heute auch – zwischen beiden kaum noch ein Unterschied bestand und die Halbinsel in einer Art ewigem Frühling schwelgte. Kein Frühling mit strahlendem Sonnenschein und wolkenlosem Himmel, wie er auf Urlaubsplakaten dargestellt wird, sondern eher eine gemäßigte Angelegenheit, als wäre ein milder Februar in einen feuchten Juni übergegangen. Es herrscht eine angenehme Diesigkeit, und der Besucher, Badeanzug und Sonnencreme in der Strandtasche, wundert sich, dass er das Meer zwar riechen und hören, aber nicht sehen kann. Der weiße Dunst, der von der Küste ins Inland zieht, löst sich stellenweise auf, und ohne besonderen Grund ist ein weltabgeschiedenes Tal frei davon und ein Dorf, das sich zwischen bedrohlichen Hügeln in eine Senke schmiegt, ist davon bedeckt; beide sind dann einen halben Tag lang in nahezu tropische Stille gehüllt, während Küsten und Landspitzen frösteln.

Diese Temperaturunterschiede, diese Wettergrille, variieren mit wunderlicher Verrücktheit von Meile zu Meile. Hier, an der Fowey-Mündung, fällt vielleicht von Tagesanbruch bis zum Einbruch der Nacht stetig Regen, während auf der anderen Seite des Landes, auf dem Camel, kein Wölkchen zu sehen ist. Noch ärgerlicher jedoch wird es für diejenigen, die an einem Hochsommertag in Öljacke und Gummistiefeln herumstapfen und durch einen Anruf aus London darüber in Kenntnis gesetzt werden, dass das übrige England unter einer Hitzewelle äquatorialen Ausmaßes schmachtet.

Primeln an einem Januarmorgen, Narzissen, die vor dem Valentinstag blühen, Kamelien und Rhododendren, die Anfang Februar austreiben und blühen sind ein Trost, aber letztlich kein Ausgleich für das Schwelgerische des Sommers, das wir allzu oft vermissen. Hochdruckgebiete ziehen an uns vorüber. Tiefdruckgebiete suchen uns auf. Der Grund für unser Murren ist der in Cornwall vorherrschende feuchte und grundsätzlich milde Südwestwind; ohne ihn verlöre Cornwall seinen Charakter und würde zu einem kahlen, bitteren Land.

Ein Schriftsteller in der ersten Hälfte des 17. Jahrhunderts stellte die Sache ganz einfach dar: »Die Luft, von häufigen Winden und den Gezeiten gereinigt, ist sehr klar und gesund, so dass die Bewohner selten von Infektionskrankheiten geplagt werden; falls doch, sind diese Krankheiten stark und einschneidend, und wer krank war, besonders der Fremde, erholt sich nur langsam. Die Jahreszeiten sind etwas anders als in anderen Landstrichen; der Frühling trifft später ein, der Sommer ist gemäßigter, Herbstfrüchte werden später reif, die Ernte ist selten lange vor dem Michaelistag reif für die Scheune, dann aber leicht verdaulich, und der Winter ist dank der warmen Winde viel milder, denn Frost und Schnee sind sehr selten, und wenn, sind sie bald vorbei. Nichtsdestotrotz, das Land, vom Meer umgeben, wird von gewaltigen Stürmen heimgesucht, die nicht nur Häuser abdecken, sondern auch Hecken zerfetzen und Bäume in ihrem Wachstum beeinträchtigen. Ein Vertreter dieser Spezies, der zu den schlimmsten gezählt wird, heißt Flaw oder Flagh.«

Ich bin nirgends auf »flaw« oder »flagh« gestoßen, obgleich das Glossar von West-Cornwall »flaad« erwähnt, nämlich »von Flatulenz aufgebläht wie Vieh nach zu viel Grünfutter«. Das Wort ergibt einen Sinn. In vergangenen Segeltagen habe ich viele blähsüchtige Winde gesehen, wenn plötzlich Sturmböen in die Bucht von Lantic hereinfegten, das Boot sich schräg legte und das Wasser das Speigatt überspülte. Das Wüten war bald vorüber, das Boot befand sich wieder im Gleichgewicht; doch der Eindruck einer Art Verdauungsstörung blieb, eine Warnung der Natur, die Pinne mit fester Hand zu führen, bevor der nächste Windstoß kam.

Ein Londoner namens Walter White, der im Juli 1854 nach Land's End wanderte, befand, dass der kornische Sommer »bei gewissen Konstitutionen ein Gefühl der Bedrückung und Depression hervorruft, wie man es in einer trockeneren Atmosphäre nicht kennt. Es ist dies eine Überlegung, die bei der Diskussion über die wichtige Frage einer Luftveränderung nicht außer Acht gelassen werden darf. Ob auf den Klippen von Devonshire oder Cornwall, es gab wenige Tage, an denen man nicht einen Überzieher als angemessen empfunden hätte, und die Abende waren beinahe ausnahmslos kühl.« Außerdem wiederholte er den beliebten Ausspruch, dass Cornwall jeden Tag eine Dusche bekommt und an Sonntagen zwei. Als Mr. White seine Wanderung weiter westlich fortsetzte, stellte er fest, dass »manchmal ein böiger Nieselregen einsetzt und zwei oder drei Wochen anhält; draußen wird dann alles jämmerlich und drinnen feucht«.

Die Bequemlichkeit seiner nächtlichen Unterbringung stellte ihn zufrieden, denn er bezahlte selten mehr als One-and-Sixpence für zwei Mahlzeiten und ein Bett. Das Wetter jedoch verfolgte ihn, und er notierte, dass die schrecklichen Winde »die Salzgischt zehn Meilen ins Inland trugen, so dass man sie auf Fensterscheiben und Kornähren finden konnte. Manchmal zerstört der Wind auf den Feldern in Meeresnähe ganze Weizenäcker. Man sieht, dass einige der alten Herrenhäuser ungeachtet der Aussicht aus ihren Vorderfenstern nach Ost oder Südost ausgerichtet sind; die Bauherren hatten einen Standort vorgezogen, an dem die Rückseite des Hauses von einem flachen Hügel oder einem Gürtel aus Bäumen geschützt ist.«

Doch wenn die wenigen freudigen Tage anbrechen, die einem bis nach Thanksgiving im Gedächtnis bleiben, herrscht morgens, bei Tagesanbruch, schimmernder Dunst und eine nahezu griechisch anmutende Schönheit. Das Meer in Par Bay ist milchig-weiß von den Bächen, die von den Lehmhügeln hinter Luxulyan herabfließen. Kein Laut, nur das Lecken des Wassers an den Bootswänden, das wie ein Geisterschiff bei Black Head über die Bucht gleitet, um dort zwischen Gwendra Point und Ropehaven den Anker auszuwerfen. Früher benutzten die Schiffe diese Stelle als Ankerplatz, da sie Schutz bot vor den südwestlichen Winden, und wenn man bei niedrigen Springtiden zwischen Strandkies und Unkraut herumstolpert, trifft man vielleicht noch auf Spuren des alten Anlegers, und die flachen Steine glänzen dunkel und grau unter der Wasseroberfläche. Zum Schwimmen ist es recht kalt, denn der Strand fällt schnell in die Tiefe ab, und das Meer schmeckt hier salziger als näher zu Hause in Pridmouth. Die von der Straße aus zugänglichen Strände sind schwarz vor Menschen, meilenweit hüpfen im Wasser Köpfe auf und ab, und kleine Schlepper oder flinke Kanus fädeln sich wie Aale zwischen ihnen hindurch.

Hier, im alten Ropehaven, ist alles friedlich. Der lange Nachmittag schleppt sich träge dahin, bis ein leises Plätschern an der Ankerkette das Boot zu einem gemächlichen Tanz aufschaukelt und der Steuermann unruhig wird, da er das erste Wispern einer Brise wahrnimmt. Mit dem faulen Sich-in-der-Sonne-Räkeln ist es vorbei. Die Segel werden gesetzt, der Anker gelichtet, die Schoten dichtgeholt, und schon sind wir auf dem Weg nach Hause über die Bucht, ein Halbwind aus Nordwest treibt uns zurück nach Fowey. Achtern werfen wir Makrelenleinen aus und machen sie fest, und während der eine von uns sich um das Trimmen der Segel kümmert, schaut der andere hinüber aufs Land, auf die Silhouette der harten weißen Lehmhügel im Westen. Grün und mit Adlerfarn bewachsen, wird immer deutlicher die Uferböschung der Halbinsel Gribbin erkennbar, und dahinter, von einem dichten Blätterdach fast verdeckt, zwei Schornsteine und das graue Dach von Menabilly.

Am Hafeneingang holen wir die Leinen ein und finden einen schlaffen Fisch, der schon eine ganze Weile tot ist und dessen Todeskampf keiner von uns bemerkt hat. Die Brise hat nachgelassen, die Tide ist träge, und der Steuermann manövriert sein Schiff mit großer, aus langer Erfahrung erwachsener Schläue zu seinem Anlegeplatz in der Öffnung von Pont Pyll. Die Boje wird angehoben, die Segel werden eingeholt und verstaut. Der Fisch wird ausgenommen, und als wir die flechsigen Eingeweide in die Luft werfen, sind flatternd und kreischend sämtliche Möwen Foweys zur Stelle; eine, die gefräßiger ist als ihre Kolleginnen, stürzt sich an ebender Stelle auf das Wasser, wo der Schlamassel hineingefallen ist, und schlingt das Ganze hinunter.

Dies ist ein Moment, um innezuhalten, sich eine Zigarette anzuzünden und mit einem abschätzenden Blick die Boote der Besucher zu mustern, die in dem Becken unterhalb Polruans ankern. Die Stadt Fowey liegt seit dem frühen Nachmittag im Schatten, doch Polruan und die Hügel im Osten, die zum Pont Creek abfallen, liegen in der untergehenden Sonne, und das gekräuselte Wasser ist schwärzlich-rot. Es ist ein Moment der Zufriedenheit und Ruhe. Obwohl wir nur ungefähr sechs Stunden unterwegs waren und hin und zurück nicht mehr als doppelt so viele Meilen zurückgelegt haben, ist es die Erholung am Ende einer Reise. Morgen, und morgen, und morgen ... Doch als der Morgen dämmert, stellen wir fest, dass sich das Versprechen einer Wiederholung nicht erfüllt. Der Wind hat während der Nacht wieder auf Südwest gedreht, der Himmel ist bewölkt, und als wir uns die Augen reiben und auf das Gras hinausblicken, setzt bereits der erste Regen ein, schwach zunächst, kaum der Rede wert, ein tröpfelndes Ärgernis, das jedoch allmählich an Stärke zunimmt und zu einem schräg fallenden, stetigen Rauschen wird, das uns einen Tag im Haus mit dem Bezahlen von Rechnungen, Briefeschreiben und nach dem Tee einem selbstauferlegten zwanzigminütigen Herumtappen unter den düster verhangenen, tropfenden Bäumen beschert.

So ist das kornische Klima, das von denjenigen, die dort geboren sind, mit philosophischem Achselzucken akzeptiert, von späteren Siedlern mit geringerer Seelenstärke hingenommen, und von den Sommergästen einfach durchgestanden wird. Sind diese doch mit hohen Erwartungen gekommen dank der Plakate, die Bikini tragende Strandnixen auf goldenem Sand zeigen, und sagen sich, wo es gestern nass war, wird es morgen wieder schön sein.

Der Reisende aus London, Mr. Walter White, hatte Glück, denn als er Land's End endlich erreichte, war es ruhig. Ein Franzose, Monsieur Alphonse Esquiros, der es ihm zehn Jahre später nachtat, hatte weniger Glück.

Er wurde zunächst von dichtem, dunklem Nebel, dann von einem Sturm empfangen. Als er in einer Schule in der Nähe von Sennen Cove Schutz suchte, wurde er aufgefordert, sich zwischen die Schüler auf eine Bank zu setzen, während der Lehrer sich bitterlich beklagte, dass die Gegend entweder zu heiß oder zu kalt sei und zu allen Zeiten unwirtlich. Wenn der Wind weht, wurde ihm versichert, braucht ein Mann zwei Männer, um das Haar auf seinem Kopf festzuhalten. Danach war er nicht überrascht, als er in den Gesichtern der Einwohner von Sennen etwas feststellte, was er folgendermaßen beschrieb: »Eine Art melancholischer Ernst und, besonders bei den Frauen, ein strenger, trauriger Gesichtsausdruck, die Züge wie aus Stein gemeißelt und die Stirn vor der Zeit von Falten durchzogen.« Geschichten über eine Familie, die durch eine heftige Sturmbö in ihrer Gesamtheit vernichtet wurde, deprimierten ihn zusätzlich, und er war froh, nach Penzance in seine Unterkunft zurückzukehren. Obwohl ihn die stoische Haltung der kornischen Bevölkerung und ihre offensichtliche Abhärtung angesichts der Armut und einem harten Schicksal beeindruckte, hielt er, wie er seinen Lesern erzählte, selbst an Sonntagen vergebens nach Szenen häuslicher Fröhlichkeit und häuslichem Glück Ausschau, wie sie von englischen Dichtern so innig beschrieben werden. Er stellte fest, dass die kleinen Pächter kaum ein Wort sprachen, und den Grund für dieses Schweigen herauszufinden war schwierig, da es zeitweise wie Kälte wirkte. War es Gleichgültigkeit angesichts ihrer Lebensweise? War es Resignation oder jene Art stillschweigender Zufriedenheit, die das Wissen um die Erfüllung strenger Pflichten in einem Menschen hervorruft?

Bei der Reserviertheit, die er im kornischen Charakter feststellte, handelte es sich um etwas Unerschütterlicheres, tiefer Verwurzeltes, um ein Gefühl von Eigenständigkeit und dem, sein eigener Herr zu sein, das tief in den Knochen steckt, gepaart mit einer natürlichen Skepsis und Misstrauen gegenüber Fragen stellenden Fremden. Selbst die Geschichten über furchterregende Stürme und Massenertrinken, die dem Franzosen mit todernster Miene vorgetragen wurden, waren wohl dem dramatischen Talent geschuldet, das ein jeder hier geerbt hat, denn trotz ihrer angeborenen Reserviertheit sind die Bewohner Cornwalls wie auch die Iren großartige Erzähler. Zumindest waren sie es. Heute ist diese Kunst im Aussterben begriffen und mit ihr auch das Bedürfnis, zu erzählen. An langen Winterabenden werden nicht mehr die Fensterläden geschlossen und die Lampen angezündet, versammelt sich die Familie nicht mehr um den Herd, um den alten Geschichten zu lauschen, wie es in meiner Erinnerung noch vor fünfunddreißig Jahren der Fall war. Das Fernsehen versklavt und unterhält uns, und wir können draußen nicht einmal mehr den Wind hören. Auch wenn der gekaperte kornische Fernsehzuschauer sein Allgemeinwissen erweitert, verliert er doch sein unbezahlbares Erbe, sein Anderssein: Geschmack, Unterhaltung, Meinung, Ansichten gleichen sich an.

Nur wenn als Vorbote eines Sturms aus Südwest ein stärkerer Wind bläst als gewöhnlich und Bäume und Strommasten zum Einknicken bringt, sind die kornischen Bewohner, »Einer für alle«, wieder einmal von der Welt abgeschnitten. Öfen werden gelöscht, Fernsehschirme schweigen, und diejenigen, die das Glück haben, hinten in ihrer Küchenschublade eine Schachtel Kerzen zu finden, tasten sich zu ihrem Bett. Draußen können sie mit voller Wucht den Sturm wüten hören, den peitschenden Regen und in der Ferne das Brüllen des Meeres; das kornische Klima, das weder sich um Tageszeiten noch Jahrhunderte schert, gebärdet sich, wie es sich schon immer gebärdet hat und drischt die ganze Nacht unbarmherzig auf Hügel und Täler ein, bis es sich in der Morgendämmerung verausgabt hat und düstere Stille eintritt.

4
Die kornischen ›Hundreds‹ und Madron Well

Cornwall war ursprünglich in verschiedene Gebiete unterteilt, so genannte »Hundreds«, wenngleich nicht ganz sicher ist, wie und warum sie entstanden. Charles Henderson glaubte nicht, dass sie sich zufällig aus den Abgrenzungen der keltischen Stämme entwickelten, sondern dass sie zu einem ganz bestimmten Zeitpunkt geschaffen wurden in der Absicht, Cornwall in Bezirke einzuteilen, die sich an den geographischen Gegebenheiten orientierten.

Die Listen, auf denen sie genannt werden, reichen zurück bis ins 11. Jahrhundert, doch die Hundreds muss es schon viel früher gegeben haben. Ihre Namen haben, wie alles Kornische, einen faszinierenden Klang: Penwith, Kirrier, Pyder, Powder, Trigg, East Wivel, West Wivel, Lesnowth, Stratton.

Auf alten Landkarten ist diese Aufteilung in neun Abschnitte sehr deutlich zu erkennen, und mithilfe eines kornischen Glossars ist es sogar möglich, Vermutungen darüber anzustellen, woher diese Namen stammen. Wie es scheint, war Stratton, was Hauptstraße bedeutet, das erste Hundred, denn in der Nähe der Stadt Stratton verlief die ursprüngliche Hauptstraße ausgehend vom Fluss Tamar. Das Stratton-Hundred beginnt an der Grenze zu Devon bei Marsland Mouth an der Nordküste und geht ein paar Meilen nördlich von Dizzard Head in das zweite Hundred, Lesnewth, über. Die Hundreds Lesnowth, was »die neue Breite« bedeutet, und Stratton nennen einen der schönsten Küstenabschnitte Cornwalls ihr eigen, ganz besonders Stratton, wo die höchsten Coombes oder Täler tief zum Meer hin abfallen und es zum Glück nur wenige Gebäude gibt. Tintagel liegt in Lesnowth, und ebenso Boscastle, ebenso wie die ursprünglichsten Moorgebiete östlich von Camelford. Das Hundred von Lesnowth wird von Trigg abgelöst, das sich von »Dritte« ableitet und damit das Dritte Hundred ist. Es folgt der Nordküste bis hinunter zur Camel-Mündung und erstreckt sich ins Landesinnere bis hinter Bodmin und zu der alten Hauptstraße in Richtung Süden nach Lostwithiel. Von der Camel-Mündung bis nach St. Agnes Head übernimmt dann das Hundred von Pyder (Pyder bedeutet »Vierte«), dessen östliche Grenze immer noch von dem mächtigen Kamm oder Höhenrücken Cornwalls gebildet wird, der die Nord- von der Südküste trennt.

Das Land jenseits von St. Agnes Head, das die Towans, die Hayle-Mündung und die gesamte Halbinsel Land's End einschließlich, an der Südküste, Mount's Bay umfasst, bildet das Hundred von Penwith. Für Penwith gibt es drei mögliche Übersetzungen – »der letzte Landvorsprung«, »Landvorsprung zur Linken« und, noch interessanter: »die Landspitze des Gemetzels«. In den hoch gelegenen Mooren von West Penwith finden sich die vielen Wurfringe und Grabstätten der ersten, prähistorischen Siedler. Ob sie im Kampf gegen Invasoren starben, die vom Meer her ins Land eindrangen, oder in Stammeskämpfen unter ihresgleichen, weiß niemand zu sagen, doch die »Landspitze des Gemetzels« weist auf eine uralte Tradition hin, wonach Penwith in jenen alten, längst vergangenen Tagen ein Kampfplatz war.

Kirrier, was »hohe Küste oder Grenze« bedeutet, verläuft von Port Levan an Mount's Bay nach Lizard Point und von dort bis zum Westufer des Fal. Östlich des Fal erstreckt sich das siebte Hundred, Powder, »Der Ort der Eichen«, von St. Mawes bis zum Hafen von Fowey. Der Name ist gut gewählt. Hier ist die kornische Halbinsel am stärksten bewaldet und entlang der Flüsse Fal und Fowey am fruchtbarsten. Powder wird abgelöst von West und East Wivel; Ersteres reicht von der Fowey-Mündung bis zum Fluss Looe, Zweiteres bis zu der Stelle, wo die Tamar-Mündung in den Plymouth Sound übergeht. Wivel, beziehungsweise Wyvell's, bedeutet »Grafschaft der Waliser oder Fremden«, und dieser am weitesten östlich gelegene Bezirk Cornwalls könnte in alter Zeit sehr wohl an Eindringlinge gefallen sein, die von der walisischen Grenze nach Devon und von dort zur Hauptstraße nach Stratton im Norden vorgedrungen waren.

Die neun Hundreds, die sich entlang der ganzen kornischen Küste erstrecken, ergeben so einen Sinn: die Hauptstraße, New Width, das Dritte und Vierte Hundred, das Linke Hochland oder die Landspitze des Gemetzels, die Hohe Küste, der Ort der Eichen, die West- und Ost-Hundreds der Fremden oder Waliser.

Diese Hundreds bildeten im Lauf der Jahrhunderte zweckmäßige Einheiten für die Rechtsprechung, den Zehnten und die Aufteilung in Kirchenbezirke sowie für die Ausübung der herrschaftlichen Rechte der Feudalherren; doch für diejenigen unter uns, die sich eher für Menschen als für Systeme, eher für Sitten und Gebräuche denn für Rechtsprechung interessieren, hat die Feststellung großen Reiz, dass wir, je weiter wir in Cornwall nach Westen vordringen, auf desto weiter zurückliegende Zeiten und Gebräuche stoßen, auf mehr Sprichwörter und größeren Aberglauben, sogar auf einen anderen Akzent und eine andere Betonung. Die Bewohner im Osten Cornwalls haben, wie die Menschen in Devon, eine gutturale Aussprache – zumindest hatten sie sie noch vor einer Generation, vor der Ankunft des Fernsehens; ein verständlicher Umstand, wenn man sich ins Gedächtnis ruft, dass sie in West und East Wivel leben, der Grafschaft der Fremden. Wenn man weiterfährt bis in die Mitte Cornwalls, in das Dritte und Vierte Hundred und zum »Ort der Eichen«, ändert sich wenig, doch sobald man nach Kirrier gelangt, an die »Hohe Küste« und vor allem nach Penwith westlich des Flusses Hayle, dringen ein anderer Singsang und eine andere Tonlage ans Ohr; selbst das Vokabular ist, oder war, recht verschieden. In Mousehole, dem kleinen Fischerhafen an Mount's Bay in West Penwith, starb im Jahr 1777 die letzte Bewohnerin, die noch das alte Kornisch sprach, namens Dolly Pentreath. Madron Well im selben Hundred ist der Ort, an den die Mütter im Mai ihre Kinder brachten, um sie von Gürtelrose, Feuerbrand, Flechten und anderen Krankheiten zu heilen und sie gegen Hexerei und den bösen Blick zu stärken.

Heute zieht die kornische Klaue, die, von Clodgy Point am Atlantik bis zu Lizard Point am Ärmelkanal, West Penwith und Kirrier umfasst, eine größere Anzahl von Touristen an als vermutlich irgendein anderer Ort in Cornwall. Busse, Autos, Wohnwagen drängen sich in Massen am Wegesrand und auf den Landspitzen, und während der Sommermonate von Pfingsten bis September sind Buchten und Meeresarme schwarz vor Menschen; doch mit der Tag- und Nachtgleiche am dreiundzwanzigsten desselben Monats, die mit dem Ende der Schulferien zusammenfällt, verschwinden sie über Nacht und überlassen die Klaue ihrer früheren, kargen Pracht.

Vor ungefähr fünfunddreißig Jahren konnte man sogar im Sommer noch mit Pony und Wagen über die Straßen und Nebenwege der »Landspitze des Gemetzels« reiten oder fahren und der einzige Eindringling sein. Eine Freundin und ich stellten einmal an einem sehr ruhigen Abend zwischen Cape Cornwall und Botallack Head ein Zelt auf. Ich erinnere mich noch heute an die Stille des Meeres und des Himmels, an den fernen Wellenschlag des Atlantiks an den Felsen unter uns, und an Möwen und Raben als unserer einzigen Gesellschaft. Wir brieten Speck über einem Ginsterfeuer, und der befriedigende Duft mit dem bitterheißen Aroma der Asche steigt mir sogar heute noch in die Nase. Die Nacht brach langsam herein, und wir lagen bei geöffneter Zeltklappe da, um die Sterne zu betrachten. Damals, wie nie zuvor oder danach, schien es möglich, mit einem jener längst verschiedenen Schläfer eins zu werden, deren Knochen zu Asche geworden sind wie unser Feuer und in den Gräbern von West Penwith verstreut liegt. Wie wir mussten sie ihre Mahlzeiten über einem Ginsterfeuer zubereitet haben, wach gelegen und die Sterne betrachtet haben. Allerdings wäre bei ihnen ein Wächter auf den Klippen postiert gewesen und hätte vielleicht aufgeregt und voller Angst auf die entschlossen näher kommenden Schnäbel der Schiffe hingewiesen, die, niedrig und schmal, in Reihen draußen vom Meer an Land drängten. Als der Morgen dämmerte und wir bei noch immer geöffneter Zeltklappe erwachten, fiel mein Blick am fernen Horizont auf ein beinahe bewegungsloses Schiff unter voller Takelage. Sein Wohin und Woher fanden wir nie heraus. Der Anblick war selbst damals eine Seltenheit und machte diesen Moment großer Schönheit perfekt, ein Gefühl, das mit der Zeit weder verblasste noch aus dem Gedächtnis verschwand.

Im Lauf des Tages schlug das Wetter um, und wir suchten in einer blechgedeckten Hütte auf Land's End Schutz vor einem Gewitter; während des Unwetters bebte das

Hüttendach und klapperte, als wäre es im Griff von Dämonen. Meine Begleiterin, die sich schon als Kind vor Gewittern gefürchtet hatte, hielt sich stöhnend die Ohren zu. Das Pony, von den Wagendeichseln befreit, stand zitternd neben uns. Nur ein paar Stunden waren seit der Stille der Morgendämmerung vergangen, und ich dachte, wenn wir in unserem Adlerhorst auf Cape Cornwall geblieben wären, wäre das Unwetter jäh über uns hereingebrochen, hätte unser Zelt wie ein Taschentuch zerrissen und uns mit sich fortgezerrt, und das grasende Pony hätte sich vielleicht in Panik von seiner Leine losgerissen und wäre ins Landesinnere galoppiert oder, schlimmer noch, kopfüber ins Meer gestürzt. So ist es kaum verwunderlich, dass die Bewohner West Penwiths abergläubisch und furchtsam waren und versuchten, sich und ihre Kinder gegen die Elemente, den bösen Blick und unbekannte Ereignisse zu schützen.

Der west-kornische Ausdruck für Albtraum lautet »hilla-ridden« oder »to have the stag«. Ersteres bedeutet, dass ein Mann von schrecklichen Albträumen geplagt wird, Zweites, dass ihm eine Last auf der Brust liegt, die ihn am Atmen hindert. Ein Mittel dagegen wie auch, um geringfügigere körperliche Leiden von sich abzuhalten, war es, auf allen vieren durch den Lochstein von Mên-an-Tol zu kriechen oder, noch besser, sich im Wasser von Madron Well zu waschen. Im Frühling, Anfang März, machten mein Sohn und ich uns auf die Suche nach dem heilenden Quellwasser. Wir litten beide weder an Flechten noch an Krämpfen, doch ich hatte von dem armen Krüppel John Trelilie gelesen, der gezwungen gewesen war, sein Leben lang auf den Händen zu gehen, bis im Jahr 1650 eine Heilmethode für ihn gefunden wurde. In einem Traum wurde ihm dreimal mitgeteilt, er solle sich in der Quelle von Madron waschen. Er kroch umgehend zu der Quelle und tat ebendies, und ging danach aufrecht auf zwei Beinen.

Die Quelle war schwer zu finden. Auf der Karte war sie ungefähr eine Meile oberhalb der Kirche von Madron eingezeichnet. Doch im März hing der Wegweiser verrostet herab und zeigte zu Boden. Wir versuchten es nacheinander auf drei Feldern, ohne jedoch Wasser zu finden; dann sahen wir auf einem entfernteren Hügel ein Farmhaus und beschlossen, uns zu erkundigen, eine Methode, die ich verachte. Eine junge Frau kam über die Hofeinfahrt auf uns zu, vielleicht auf dem Weg zum Bus, denn sie stöckelte auf hohen Absätzen daher und schwenkte eine Einkaufstasche. Wir erkundigten uns nach der Quelle von Madron. Sie deutete lächelnd nach rechts, auf eine von dichtem Gestrüpp bewachsene Talsenke zwischen abschüssigen Feldern, die von Hochspannungsmasten verschandelt waren.

»Die ist irgendwo dort«, sagte sie, »zumindest sagt das mein Mann. Er wollte mich mal dorthin mitnehmen, aber der Boden ist matschig. Ich wohne seit acht Jahren auf der Farm und habe sie immer noch nicht gesehen.«

Sie winkte und tippelte herausgeputzt in Richtung Straße, während wir ungeachtet des Dornengestrüpps und der Brombeerranken in das Dickicht eintauchten. Der Weg war schmerzhaft und feucht, aus dem unbenutzten Trampelpfad quoll das Wasser, und außerdem war er mit verfilztem Gebüsch überwuchert. Die Zweige waren fest ineinander verhakt und hinderten uns am Weiterkommen, lange Brombeerranken hefteten sich an unsere Schultern, schlangen sich uns um die Brust und lösten tatsächlich »the stags« aus. Irgendwo ganz in der Nähe, wenn auch außer Sichtweite, musste die Quelle liegen, und dorthin musste John Trelilie gekrochen sein, ebenso wie die vielen Frauen, die im Lauf der Jahrhunderte ihre nackten Kinder darin eintauchten.

Schließlich fanden wir sie, von einer Steinmauer eingefasst, dicht neben einem hässlichen Mast auf einer Lichtung. Das Wasser war moderig und still. Ich war nicht zufrieden. Das musste das Taufbecken sein, von dem in späteren Büchern die Rede war, wohin christliche Mütter mit unbewusst heidnischen Neigungen ihre Kinder zur Taufe brachten. Ich suchte die eigentliche magische Heilquelle, deren Wasser klar und keinesfalls stehend aus unbekannter Tiefe aus der Erde sprudeln sollte. Ein paar Meter weiter zwischen nahezu undurchdringlichem Gestrüpp ließ mich ein Rinnsal unter einem Stein frohlocken. Mein Sohn war skeptischer und erklärte, es handle sich um einen Abfluss. Dessen ungeachtet sprudelte es. Ich brach einen Zweig ab und drehte ihn neunmal in die Sonne. Obwohl mein Sohn kein Kind mehr war, das man auszog, warm einwickelte und dann über der Quelle zum Schlafen legte, während man eins seiner Kleidungsstücke als Votivgabe an einen Dorn hängte, sagte ich ihm, die Geister seien nun beschwichtigt und wir beide gereinigt. Ein Stückchen Stoff war alles, was ich finden konnte, um es an einen Dorn zu hängen, und als ich mich noch einmal umdrehte und es dort hängen sah, dachte ich an den armen John Trelilie, der hier seine kranken Glieder gebadet hatte.

Wir bahnten uns einen Weg talwärts durch das Dickicht. Als wir das ausgefahrene Sträßchen erreichten, wo das Auto wartete, sahen wir auf einen Stock gelehnt einen alten Mann dort stehen. Wir mussten ihm nichts erzählen; er wusste, wo wir gewesen waren. »Heute geht niemand mehr hin«, sagte er, »ist alles vergessen. Die Leute hier in der Gegend sind alle zugezogen.« Er wies mit einer Kopfbewegung auf einige Sozialbauten, die ein paar Felder weiter an der Straße standen. »Hauptsächlich aus Birmingham«, fügte er hinzu. Ich dachte an die junge Frau aus dem Farmhaus, die ihre Schuhe nicht hatte schmutzig machen wollen. Wir sagten nichts und warteten. Er blickte ins Tal hinunter zu der verborgenen Quelle, dann seufzte er und schüttelte den Kopf. »Die Alteingesessenen sind alle weg«, sagte er, »sind alle ausgewandert.« Er wünschte uns einen guten Tag und ging unter weiterem Kopfschütteln und Seufzen gemächlich davon.

Als wir in den Wagen stiegen und davonfuhren, sagten wir einander leise den Satz »Sie sind alle ausgewandert« vor. Er ließ uns an verwaiste Hofstellen und Hütten denken, an kornische Auswanderer, die ihre Bündel auf den Rücken geschnallt hatten, an streng blickende Väter, trübäugige Mütter und weinende Kleinkinder, die vom Bahnhof in Penzance in eine ungewisse Zukunft jenseits des Tamar aufbrachen und ihre Häuser Fremden aus den Midlands überließen, die dem Reisenden begeistert ein Bett mit Frühstück anboten, und wenn der Winter kam, in den Bingohallen von Camborne und Redruth Unterhaltung suchten.

Früher einmal, wenn nicht im Leben dieses alten Mannes, so doch in der Erinnerung seines Großvaters und Urgroßvaters, hatte es in West Penwith wildere Unterhaltungen gegeben. Wer nicht »hilla-ridden« war oder an »the stag« litt, ritt von Madron in weiter entfernte Pfarrbezirke, nach Sancreed oder Zennor an der Küste, um dort in der Hochzeitsnacht frisch verheirateten Paaren aufzulauern und sie mit Seilen und Schafspeitsche ins Bett zu treiben in dem Glauben, dies würde ihnen Glück bringen und eine größere Kinderschar bescheren. Zu diesem Zweck drangen Hochzeitsgäste, mit einem Strumpf voller Steine bewaffnet, in zahlreiche Brautgemächer ein, und je nachdem, wer von dem glücklichen Paar zuerst getroffen wurde, bot einen Hinweis auf das Geschlecht des künftigen Erstgeborenen.

Kein grober Schabernack mehr für die, die ausgewandert waren, kein Peitschenknallen, kein wilder Gesang, keine nackten Kleinkinder, die in Quellen getaucht wurden, kein Durch-Steine-Kriechen. Ein nüchterneres Leben in einer Werkstatt oder Fabrik erwartete sie; die Gaslampen in den Städten lockten nicht so wie das Licht der Laternen. Ihre Kinder würden in einer Kirche oder Kapelle anständig getauft und nie den Schock des eiskalten Quellwassers kennenlernen oder die unvermittelte Wärme der Sonne auf den nackten Gliedern.

Ausgewandert, murmelten wir, ausgewandert, und auf der Fahrt von Madron hinunter nach Penzance, waren wir plötzlich in Nebel gehüllt, der hinter uns ganz West Penwith bedeckte. Das höher gelegene Gelände war darunter verborgen wie auch die geschwungene Küstenlinie der Bucht, denn die Nebelmassen, die sich feuchtkalt vom Meer ins Landesinnere wälzten, sperrten Gegenwart und Vergangenheit aus – alles war verschwunden. Der aufkommende Nebel war traurig, ein Symbol eines untergehenden Zeitalters, als wären der letzte Landvorsprung und die Landspitze des Gemetzels an sich ein Tabu und für Fremde verschlossen.

An diesem Tag war es für weitere Erkundungen zu spät, doch wir waren entschlossen, noch vor dem Wochenende wiederzukommen. Cornwalls fünftes Hundred hielt noch weitere Geheimnisse bereit.

5
Die Sage von Penrose

»Was von dem alten Herrenhaus Penrose in Sennen noch übrig ist, befindet sich an einer tiefen, einsamen Stelle am Ende eines engen Tals, durch das ein ungefähr drei Meilen langer Mühlbach in zahlreichen scharfen Kehren bis nach Penberth Cove fließt.« Diese Worte aus dem alten Buch *Kamingeschichten* hatten sich meinem Gedächtnis eingeprägt, denn eine moderne Karte erzählt nichts über einsame Orte oder gewundene Bäche, und der rote Kreis, den ich um den Namen Penrose gemalt hatte, mochte, bei allem, was ich wusste, einen Campingplatz bezeichnen, den man an einen Bach abgeschoben hatte.

Das ist das Problem bei der Suche nach der Vergangenheit. Die Phantasie beschwört kahle Hügel, urwüchsige Küsten und von Höfen flankierte Herrenhäuser mit hohen Schornsteinen herauf, und wenn man wieder zur Gegenwart zurückfindet, trifft man auf Häuserreihen oder vielleicht eine Tankstelle, die den Hügel beherrschen, in der kleinen Schmugglerbucht stehen Strandzelte, und die Fundamente eines Tudorhauses liegen unter einer verputzten viktorianischen Villa oder einem modernen Bungalow verborgen.

»Wir können nichts anderes tun, als hinzufahren und es herauszufinden«, sagte mein Sohn entschieden, »und wenn nichts mehr übrig ist …« Er zuckte resigniert die Schultern. Mit Landkarten und Ferngläsern bewaffnet machten wir uns erneut zu dieser »Landspitze des Gemetzels«, West Penwith, auf. Auf der Fahrt, fünfzig Meilen oder mehr, erzählte ich ihm die Geschichte in dem gleichen Duktus, wie ich mich an sie erinnerte und wie sie in früheren Winternächten zweifellos in zahllosen Cottages am Kamin erzählt worden war, während draußen der Regen an die Fensterscheiben trommelte.

»Vor langer, langer Zeit«, sagte ich, »vor ungefähr dreihundert Jahren oder mehr, gab es eine alteingesessene Familie namens Penrose, die im Pfarrbezirk Sennen ein Herrenhaus bewohnte, das ihren Namen trug. Das Land dort war wild und unbehaust; vom Meer her war es den salzigen Winden ausgesetzt, und im Winter zerrte der Regen den Weizen aus dem Boden, spülte ihn davon und machte ihn unbrauchbar, und das einzige Land, das für den Anbau taugte, waren die schmalen Felder zwischen den Hügeln. Ralph Penrose, der als junger Mann ein Leben als Seefahrer geführt hatte, war damals das Familienoberhaupt, doch als er das Erbe seines Vaters antrat, war seine Liebe zum Segeln und zum Meer noch immer so groß, dass er sich ein Schiff bauen ließ und, wie man damals sagte, Fairtrader oder, wie wir heute sagen, Schmuggler wurde. Er war nie Pirat wie einige andere, er raubte auch nicht die Armen aus, sondern segelte mit einer Mannschaft, die hauptsächlich aus armen Verwandten bestand, die ihm treu ergeben waren und keinen besseren Lebensunterhalt finden konnten, nach Frankreich; von dort brachte er Waren nach Sennen und verteilte sie in der Nachbarschaft und unter den Mitgliedern seines eigenen Haushalts. Er trieb Handel, weil es ihm gefiel, genau wie sein Cousin William, der ein ebensolcher Abenteurer war wie er selbst.

Eines Herbsts wurde Ralph von Kummer übermannt, denn seine Frau war an einem Fieber gestorben, und von da an schien er eine Abneigung gegen das Land zu fassen und verbrachte mehr Zeit auf See denn je; seinen einzigen Sohn, einen Knaben von sieben Jahren, nahm er mit. Er tat dies auch im Winter und überließ die Führung des Besitzes seinem jüngeren Bruder John. In einer Winternacht kurz vor Jahresende segelte Ralph Penrose mit einem wohlbeladenen Schiff von Frankreich Richtung Heimat; seine Mannschaft war guter Stimmung, sein Cousin William und sein junger Sohn waren ebenfalls an Bord. Plötzlich kam ein paar Meilen südlich von Land's End ein Sturm auf, der das Schiff auf die gefürchteten Felsen von Cowloe trieb, wo es sank. Im Kampf mit den gewaltigen Brechern ließen er und seine Männer ein Boot zu Wasser, das ebenfalls kenterte; Ralph, sein Sohn, sein Cousin und seine Mannschaft wurden ins Wasser geschleudert. Leuchtfeuer von dem sinkenden Schiff hatten den Haushalt am Ufer alarmiert, und John Penrose ging vom Herrenhaus hinunter in die Bucht von Sennen. Dort stand er in Dunkelheit und Wind und hörte die Schreie der verzweifelten Männer. Später wurde gemunkelt, er habe keinen Finger gerührt, sondern sie einfach ertrinken lassen. Ralph, William, die ganze Mannschaft waren verloren. Der Einzige, der glücklicherweise unverletzt das Ufer erreichte, war sein Neffe, der Erbe, der siebenjährige Knabe.

Nach dieser traurigen Nacht veränderte sich das Leben auf Penrose. John, der sich selbst zum Vormund des Jungen ernannte, tat, als gehörte der Besitz ihm. Die alten, friedlichen Tage waren dahin und wurden von einem Leben in Saus und Braus abgelöst. Die Fischer in Sennen fürchteten um die Sicherheit ihrer Frauen und Töchter, die sich nicht mehr vor die Tür wagten, sobald John Penrose in der Nähe war. Da er sich vor dem Meer fürchtete, baute er ein größeres, stärkeres Schiff, als selbst sein Bruder es besessen hatte, und bemannte es mit einem Kapitän und einer Mannschaft, die für ihre üble Lebensweise berüchtigt waren, die sogar die seine in den Schatten stellte, sodass der Name Penrose fortan nicht mehr im Zusammenhang mit Schmuggel, sondern mit Piraterie genannt wurde. In Winternächten, wenn die Schurken sich vom Meer fernhielten, lud John Penrose den Kapitän und seine Mannschaft ins Herrenhaus ein, um mit ihnen zu trinken, und man hörte wildes Geschrei und Gelächter, die Fackeln und Laternen leuchteten hell, und die betrunkenen Genossen torkelten über den Hof und stolperten in den Fluren und der Halle umher.

Eines Winters fiel Schnee in Sennen, und es ging das Gerücht, auf dem Land oberhalb von Penrose seien Wölfe gesichtet worden. Aufgeregt und vor Alkohol halb außer sich, forderte John Penrose seinen Haushalt auf, nach ihnen zu suchen. Er selbst und sein fideler Kumpan, der Kapitän des Piratenschiffs, blieben zu Hause, eine Flasche Brandy vor sich auf dem Tisch.

Als die Diener zurückkehrten, riefen sie nach ihrem jungen Herrn, dem Erben, um ihm zu sagen, dass die Wölfe verschwunden seien, doch der Junge war nirgends zu finden, weder im Haus noch draußen auf dem Gelände. Sein Onkel und der Kapitän waren zu betrunken, um Fragen zu beantworten, und murmelten, dass der Junge, der sich der Jagd angeschlossen hatte, bald zurückkommen werde. Der Verwalter und die Diener traten ein weiteres Mal in die Nacht hinaus und liefen über Felder und Klippen, selbst hinunter zur Bucht von Sennen, wohin der Waisenjunge so oft wanderte, um über den Tod seines Vaters nachzusinnen. Sie fanden keine Spur von ihm, weder in der Nacht noch im Morgenlicht, noch an den folgenden Tagen. Es wurde angenommen, dass der junge Penrose, vielleicht durch das Schneetreiben geblendet, seinen Weg verfehlt hatte und von einer Klippe ins Meer gestürzt und dort, wie vor ihm sein Vater, zwischen den Felsen ertrunken war. Der ganze Haushalt trauerte, doch John Penrose, endlich unangefochtener Herr im Haus, gab sich noch größeren Dummheiten hin als zuvor, warf das Geld rücksichtslos mit beiden Händen zum Fenster hinaus, verspielte sein Erbe und führte seine Vagabundenbande durchs Land und versetzte all seine Nachbarn in Todesangst. Eines war jedoch merkwürdig. Er fasste eine Abneigung gegen den Kapitän seines Schiffes, der, ohne irgendjemandem eine Erklärung zu geben, sein Kommando niederlegte und aus der Gegend verschwand.

Im darauffolgenden Winter, am Jahrestag des Verschwindens des Jungen zwischen Weihnachten und Neujahr, als John Penrose mit seinen Kumpanen ein Zechgelage feierte, trat ein Fremder durch den Hof auf das Haus zu, klopfte an die Tür und bat um Gastfreundschaft. Der Verwalter ließ ihn ein, denn um diese Zeit baten häufig Wanderer um Unterschlupf, und sein Herr, in sein Glas vertieft, befahl, den Gast ins Zimmer seines toten Bruders im alten Flügel zu führen. Im Kamin wurde ein Feuer entfacht und zum Lodern gebracht, und der Verwalter brachte Essen und Trinken. Als er beides vor dem Gast hinstellte, gestand er, dass das Haus böse Zeiten durchmache. Man sah und hörte seltsame Dinge, die es vorher nicht gegeben hatte, und das alles, seit der junge Erbe vor zwölf Monaten vermisst wurde. Der Fremde hörte in aller Ruhe zu, falls man es Ruhe nennen konnte, denn der Lärm der Festlichkeiten unten in der Halle drang sogar bis in den alten Flügel herüber.

Der Verwalter wünschte dem Gast eine gute Nacht und ging. Der Fremde öffnete das Fenster, das auf einen Seitenhof hinausging, und sah den Feiernden zu, die jubelnd das herannahende Neue Jahr begrüßten, Efeu pflückten, es über sich und die Pflastersteine streuten und riefen, dass einige von ihnen noch vor Jahresende verheiratet sein würden. Plötzlich schrie einer von ihnen vor Furcht auf und deutete auf weiße Dunst- und Nebelsäulen, die sich vom Meer her auf sie zu wälzten. Allesamt rannten sie zurück ins Haus und warfen die Tür zu, unvermittelt brachen Musik und Trubel ab. Der Fremde wartete und beobachtete den Nebel.«

An dieser Stelle wurde ich von meinem Sohn unterbrochen. »Du erfindest das«, sagte er.

»Nein«, sagte ich, »wirklich nicht.«

»Ich glaube doch«, insistierte er. »Du sprichst von Nebel wegen neulich, als nach der Quelle von Madron welcher aufkam.«

»Nein«, sagte ich ihm, »das ist Zufall. Der Nebel ist ein fester Bestandteil der alten Geschichte.«

Er schnaubte ungläubig. »Wie auch immer, erzähl weiter.«

»Der Nebel kam zuerst«, fuhr ich fort, »und dann kam aus derselben Richtung ein Geräusch wie das Tosen des Meeres, und doch lag das Meer eine Meile oder weiter entfernt, und Penrose stand am Ende eines Tales zwischen den Hügeln. Das Geräusch des Sturms, das Tosen der Brecher am Ufer, das Klappern der Schiffsruder in den Riemendollen und das Splittern von Holz kamen näher, und gleich darauf stürzten die Wogen selbst in den Hof und führten auf ihrem Kamm ein langes Boot voll weinender Männer mit sich, die furchterfüllt schrien: ›Rettet uns … Rettet uns …‹ Das Meer schäumte grün überall ums Haus, und plötzlich kenterte das Boot, und die Mannschaft wurde herausgeschleudert und versuchte, sich mit aschfahlen Gesichtern und starren Augen in Sicherheit zu bringen, während das Boot unterging; doch ein Mann, der länger aushielt als seine Kameraden, blickte zu dem Fenster hinauf, an dem der Fremde stand, und rief mit lauter Stimme:

›William Penrose, steh auf und räche den Mord am Sohn deines Cousins!‹ Dann war alles still. Da war kein Sturm mehr und kein Meer, keine Furcht mehr von ertrinkenden Männern. Der Hof war gepflastert wie eh und je, das Efeu dort verstreut, wo die Zecher es liegen gelassen hatten. Der Nebel verzog sich.

Der Fremde schlug die Hand vor die Augen, denn er war es tatsächlich, William Penrose, der Cousin, von dem in Sennen jeder glaubte, dass er ertrunken sei. Die Erinnerung an jene schreckliche Nacht kehrte zurück. Wie er sich ans Ufer geschleppt und als Vagabund durch Landstriche gezogen war, wo niemand ihn kannte, und schließlich ein Schiff in ein fernes Land bestiegen hatte, bis ein Instinkt ihn anwies, nach Hause zurückzukehren, wie er es in jener Nacht dann getan hatte.

Die Worte hallten in seinen Ohren. ›Räche den Mord am Sohn deines Cousins!‹ Er warf sich aufs Bett, doch selbst im Schlaf schien es ihm, als flüstere ihm die Stimme des Jungen ins Ohr: ›Mein Onkel hat den Kapitän dazu aufgefordert, mich zu töten. Ich liege unter dem abgestorbenen Baum im Obstgarten. Grabe, und du wirst mich finden. Grabe und bette meine Knochen auf den Friedhof von Sennen. Grabe und verschaffe mir endlich Frieden.‹

Als der Morgen dämmerte, erwachte William Penrose und suchte den guten Verwalter in seiner Unterkunft auf. Er gab sich als der zu erkennen, der er war, und ließ ihn Geheimhaltung schwören. Er erzählte nichts von den furchterregenden Enthüllungen der vorigen Nacht, denn zuerst wollte er, falls möglich, den mörderischen Kapitän ausfindig machen, der den Sohn seines Cousins getötet hatte. Nach etlichen Tagen spürte er ihn in Plymouth auf, wo der niederträchtige Mensch, für Piraterie und sonstige böse Machenschaften nicht mehr zu gebrauchen, von Reue und der Furcht vor Entdeckung gepeinigt in einem Gästehaus im Sterben lag. Als er befragt wurde, gestand er alles und gab zu, dass er den Jungen nicht nur des Goldes wegen umgebracht habe, sondern weil er als junger Mann in die Mutter des Kindes verliebt gewesen sei, und als sie Ralph geheiratet habe, sei ihm der Teufel ins Herz gefahren.

Der Kapitän starb auf dem Bett des Gästehauses, und William kehrte ins Haus seines Cousins zurück. Er stellte fest, dass der Herr des Hauses nicht da war, denn seit der Nacht der Weihnachtsfeier, so erzählte ihm der Verwalter, war John Penrose in Melancholie versunken und verlangte weder nach Alkohol noch nach Gesellschaft, und man hatte ihn weder lächeln noch die Hand heben sehen. Gemeinsam gingen William und der Verwalter in den Obstgarten hinaus. Einer der Bäume, der zwischen den anderen stand, war nackt und weiß, mit kahlen Ästen, die sich in den Himmel reckten. Unter diesem Baum begannen sie zu graben. Langsam, sachte hoben sie die verkrümmten Überreste des einst liebreizenden Jungen heraus, dessen Kleidung Blut und Schimmelflecken aufwies. In der Nacht trugen sie ihn auf den Friedhof von Sennen und betteten ihn zu christlicher Ruhe, wie er es gewünscht hatte, und aus Respekt vor dem einst hochgeachteten Familiennamen erzählten sie weder einem anderen Mitglied des Haushalts noch den Dorfbewohnern etwas davon.

Als sie nach Penrose zurückkehrten, stellten sie fest, dass die Tür der Mälzerei unterhalb des Herrenhauses offenstand und im Wind schlug, und als sie eintraten, sahen sie etwas an einem Balken schwingen. Es war die Leiche John Penrose'. Er hatte sich mit Blick auf den verdorrten Baum erhängt.«

Mein Sohn, der sich darauf konzentrierte, den Weg durch

die Innenstadt von Truro zu finden, musste an einer Verkehrsampel anhalten. »Ist das das Ende?«

»Für diesen Zweig der Familie ja«, antwortete ich. »William fand, dass es in dem Haus noch immer spukte; er gab seine Rechte daran auf und ging für immer fort, ins Heilige Land, erzählten die Leute. Der Besitz war mit einer Hypothek belastet, und die wurde an einen Mann namens Jones verkauft, der ebenfalls nebenbei ein wenig Schmuggel betrieb. Doch entweder er oder seine Nachkommen rissen den größten Teil des Hauses ab, und der Kirchengeschichte Cornwalls zufolge ist es heute eine Farm.«

»Aus welchem Jahr stammt deine Kirchengeschichte?«

Ich überlegte kurz. »Ungefähr von 1872.«

Mein Sohn lächelte, und wir fuhren rasch Richtung Redruth und Camborne, um den Fluss Hayle nach West Penwith zu überqueren. Ich wusste, was er dachte: Entdeckungen in der Bibliothek können in der Praxis zu Ernüchterung führen. Doch dieses Risiko ist es allemal wert, und zumindest das Gelände, die Konturen der Hügel und der Zuschnitt der Täler können sich nicht verändern. Auf der Fahrt überlegte ich im Stillen, wie ein Mythos sich mit einer Geschichte verweben kann, indem er sich hier einen Faden borgt und dort einen, und das Resultat niemals ganz endgültig ist, denn immer wieder hat eine neue Hand Freude daran, weitere Muster hinzuzufügen. Irgendwo in der Penrose-Erzählung musste ein Körnchen Wahrheit stecken. Zwei Brüder, der ältere ertrunken, ein kränkelndes Kind, das zwischen dem Älteren und dem Besitz stand – wenn man sämtliche Ausschmückungen wegließ, war das die ursprüngliche Geschichte.

Wir erreichten das Dorf Sennen und erkundigten uns an der Tankstelle nach dem Farmhaus Penrose. Man wies uns den Weg zu einer Straße, die ins Landesinnere und zu einem Tal führte, wo ein Tor uns den Weg zur Farm anzeigen würde. Die Landschaft, wenn auch nicht mehr ganz so urwüchsig und öde wie in dem alten Band beschrieben, war dennoch windzerzaust, und unsere Aufregung nahm zu, je mehr wir uns dem Tal näherten. Wir fanden das Tor und fuhren den Weg hinauf. Vorerst war noch kein Gebäude zu sehen. Rechts von uns befand sich eine Böschung und dahinter der Bach, der sich durch tiefer gelegene Felder wand. Als wir weiter den Hügel hinauf um eine Kurve bogen, erblickten wir in der Ferne ein paar Farmgebäude, die sich vor dem Himmel abzeichneten.

Wir hatten Penrose gefunden. Holpernd fuhren wir weiter und hielten in unmittelbarer Nähe der Farm auf dem Hügelkamm. Kuhställe, darüber Heuschober, lagen zu unserer Rechten, und vor uns, auf beiden Seiten von alten Steinmauern eingefasst, von denen einige kleine, rechteckige Aussparungen hatten für die Tauben, die früher einmal dort genistet hatten, stand das eigentliche Haus. Es hatte ein schiefergedecktes Dach, Mauern aus Granit, und die Schornsteine waren hoch und rechteckig. Ein Ebenbild zahlreicher kornischer Farmhäuser unbestimmten Alters, höchstwahrscheinlich aus georgianischer Zeit. Heute gab es keine gepflasterten Höfe mehr, keine weitläufigen Hallen, keine Schlafzimmer, in denen es spukte, im oberen Stock. Das Haus war solide, komfortabel, gut instand gehalten und hatte eine Fernsehantenne auf dem Dach.

Als wir aus dem Auto stiegen, trat ein Mann aus einem Gebäude. Der Eigentümer der Farm höchstpersönlich. Ich entschuldigte mich für unsere Aufdringlichkeit und erzählte ihm kurz von unserer Suche.

»Ja«, sagte er, »man sagt, hier lebte früher einmal eine

Familie Penrose. Doch die Farm ist seit über siebzig Jahren in meiner Familie.«

Ich murmelte etwas von drei- oder vierhundert Jahren vor der Geburt seines Vaters, irgendeine alte Geschichte über Mord und Kümmernis. Sein Blick war interessiert. »Davon habe ich auch schon etwas gehört«, sagte er. »Mein Sohn hat es in der Schule aufgeschnappt. In einem Buch, sagen Sie? Vielleicht war es tatsächlich so.«

Er ließ uns herumwandern. Ich hielt Ausschau nach der Mälzerei mit der offenstehenden Tür, wo es heute keine Mälzerei mehr gab, dann starrte ich wieder auf das solide Granitgebäude und den sauber gestutzten Rasen unter den Fenstern. Der ummauerte Hof, wo die Feiernden Efeu verstreut hatten, war heute ein Hühnerhof. War das die Stelle, die vom Meer überschwemmt worden war, das die ertrinkenden Männer mit sich herangespült hatte? Irgendwo hinter der Fassade des Farmhauses erhaschte ich einen flüchtigen Eindruck eines älteren, mittelalterlichen Wohngebäudes mit einer zentralen Halle und einem Kamin, in dem ein Holzfeuer brannte. Der Besitzer, John Penrose, saß mit dem Piratenkapitän davor, sie hatten eine Brandyflasche vor sich, und in einem Zimmer in der Nähe wartete ein verängstigter Waisenjunge.

»Der Obstgarten«, murmelte mein Sohn, »frag nach dem Obstgarten.«

»O ja«, sagte ich und ging dem Farmer nach, »gab es hier einmal einen Obstgarten?«

Er drehte sich um und deutete auf das Tal, von wo wir gekommen waren. »Dort unten gab es einmal einen Obstgarten«, sagte er, »dicht am Bach. Davon ist heute nichts mehr übrig.«

Wir dankten ihm für sein Entgegenkommen, und da wir uns nicht noch länger aufdrängen wollten, stiegen wir wieder ins Auto und fuhren hügelabwärts bis zu der Böschung. Sobald wir außer Sichtweite der Farm waren, hielten wir an und rutschten die Böschung hinunter, um uns die sumpfige Wiese anzusehen, wo vor langer Zeit der Obstgarten gediehen war. Am Bach graste kein Vieh. Der Ort war öde und verlassen. Ein vereinzelter Baum, kein Obstsämling, sondern eine Ulme oder Eiche, wuchs in der Mitte und streckte seine langen Äste in den Himmel. Wir sahen einander an und nickten, unser Sinn für Mythen und Sagen befriedigt.

»Was meinst du, wenn wir uns Spaten holten und zu graben anfingen?«

»Dreihundert Jahre zu spät.«

Als wir so in dieser Senke kauerten, glaubte ich, das Meer zu hören, doch Sennen und die Klippen waren beinahe zwei Meilen entfernt. Es musste der Wind gewesen sein. Wir standen auf, kletterten wieder auf den Farmweg und warfen einen letzten Blick nach Westen, auf Penrose oben auf dem Hügel. Wolken, die noch vor dem Abend Regen ankündigten, ballten sich vor der Sonne, und die Luft, die uns umwehte, schmeckte salzig und sonderbar.

6
Die Hohe Küste und ›The Lizard‹

Kirrier, die »Hohe Küste«, bildet den südlichen Teil von Cornwalls Klaue, die bei Lizard Point in den Ärmelkanal kneift, während auf der anderen Seite der Bucht, in West Penwith, Gwennap Head in den Atlantik drängt; die beiden Hundreds Penwith und Kirrier bilden demnach jeweils Halbinseln; sie sind auf beiden Seiten vom Meer umspült und waren im Verlauf der Jahrhunderte wegen ihrer zahlreichen Schiffswracks berüchtigt. Früher konnte ein Schiff unter Segeln, das ein paar Meilen vor der Küste in einen Sturm geriet, kaum darauf hoffen, den einen oder anderen der beiden Zangenarme zu vermeiden; und wenn nicht die Felsen von Lizard oder Land's End ihm den Garaus machten und es ihm nicht gelang, Penzance und damit einen sicheren Hafen zu erreichen, wurde es in den aufgesperrten Rachen von Mount's Bay hineingetrieben, wo die Küste bei südwestlichen Winden auflandigem Wind ausgesetzt ist.

Die »Hohe Küste« beginnt vor Trewavas Head. Beinahe unmittelbar hinter dem Eingang in die Bucht befinden sich die Felsen von Megiliggar, die in der Vergangenheit viele Schiffe zerstörten. Die Klippen von Methleigh wiederum sind ein Grab für die Ertrunkenen, die vom Meer angespült werden. Erst 1830 brachte der Abgeordnete Mr. Davies Gilbert im Parlament ein Gesetz ein, das es erlaubte, vom Meer angespülte Personen in der geweihten Erde des nächstgelegenen Friedhofs zu bestatten; die Kosten dafür wurden vom County übernommen. Bis zu diesem Zeitpunkt fanden diese Menschen, ungeachtet dessen, wer sie gewesen waren, im nächsten Graben oder Acker ihre letzte Ruhestätte, oder sie wurden kurzerhand ins Meer zurückgeworfen, damit sie anderswo an der Küste Zuflucht finden sollten. Hin und wieder wurde eine Leiche »eingesandet«, das heißt, sie versank im feuchten Sand und wurde durch die Tidenströmung darunter begraben. Die Abergläubischen zu Lande verkündeten dann, dass sie nächtliche Leichen-Lichter flackern sähen, die die Stelle bezeichneten, oder sie hörten, was man den »Ruf der Toten« nannte, die Stimmen ertrunkener Seeleute, die ihre eigenen Namen riefen. Ein Großteil der Furcht vor dem Ertrinken rührte von dem Grauen her, dass einem Ertrunkenen ein christliches Begräbnis verwehrt wurde, sodass die Seele eines Seemannes für alle Zeit am Ort seines Todes umgehen musste, ohne Ruhe zu finden. Die gleiche Furcht hielt auch die Verwandten an Land gepackt. Ein ertrunkener Vater, Bruder, Sohn wurde nachts zur Bedrohung, zu einem ewigen Vorwurf und auf furchterregende Weise ein anderer, als der geliebte Mensch es einst gewesen war. Hier entfaltet wieder ein uralter Mythos seine Wirkung, der Glaube primitiver Völker, dass man die Toten fürchten müsse, sollten ihre Gebeine nicht mit dem entsprechenden Ritual verbrannt oder begraben werden.

Als nach der Reformation für die sterblichen Überreste der Toten oder die Seelen der Vermissten nicht mehr die Messe gelesen werden durfte, fühlten sich die Bewohner Cornwalls allen Trostes beraubt. Da sie als Fischervolk häufiger mit dem Tod durch Ertrinken konfrontiert waren, war ihr Entsetzen angesichts eines solchen Endes noch umso größer, da ihnen nun nicht mehr länger Absolution erteilt zu werden schien. Instinktiv wandten sie sich dem Aberglauben zu; die alten heidnischen Sehnsüchte wallten wieder auf.

Damals sahen die Menschen mit an, wie die Eigentümer

der Herrenhäuser, Männer, die sie zeit ihres Lebens geachtet hatten, ihres Besitzes beraubt und ins Gefängnis geworfen wurden. Das ärmere Volk war verwirrt, da dies nahelegte, dass alle Autoritäten gestürzt worden seien. So kam es mit der Zeit, dass der Besitz anderer oder Fremder kaum noch geachtet wurde. In harten Zeiten und rauen Wintern war ein Schiff, das an ihrer Küste strandete, so gut wie eine Ernte, und es lag an ihnen, seine Ladung aufzulesen. Von daher rührt das berühmte »Bergen« – häufig übertrieben, im Kern aber zutreffend –, das der kornischen Küste im Lauf der Geschichte einen schlechten Ruf eingetragen hat.

Auf den zerklüfteten, dünn besiedelten Klippen von West Penwith und Kirrier, in den kleinen Fischerdörfern, die aus kaum mehr als ein paar Häusern bestanden, die sich in den Buchten über der Tidenlinie aneinanderdrängten, spielten Gesetz und Ordnung, wie sie im Inland herrschten, eine geringe Rolle. Da die Menschen im Winter wegen des Wetters festsaßen und sich nur von gesalzenem Fisch ernähren konnten, sah niemand etwas Böses darin, ein gesunkenes Schiff zu plündern, wenn seine Ladung half, die Bäuche zu füllen oder Kleidung zu liefern. Tote Männer erzählen keine Geschichten, und ein Ertrinkender war so gut wie tot, umso mehr, wenn es sich um einen Fremden handelte; doch das katholische Gewissen suchte Erleichterung in den Legenden von wandernden Seelen und ruhelosen Geistern.

Heute muss sich Lizard Point nicht mehr für weinende Seeleute oder Geister verantworten, und das schon seit vielen Jahren nicht mehr. Ein Leuchtturm warnt alle durchfahrenden Schiffe, sich weit genug von der immer noch gefährlichen Küste fernzuhalten. Die Felsen, die unterhalb der Landspitze die Wasseroberfläche durchstoßen, sind zerklüfteter, tödlicher als die jenseits von Land's End. Sie liegen verstreut in einer dünnen schwarzen Linie oder krümmen sich zu Walfischrücken, und selbst in Momenten tödlicher Stille, wenn das Meer ruhig über ihre Flanken streicht, bergen sie mögliche Gefahr, sind sie ein bösartig scharfes, geblecktes schwarzes Gebiss.

Eine gute Zeit, um auf der Landzunge des Lizard zu wandern, ist der Winter oder der frühe Frühling, wenn die Cafés noch geschlossen und die Bungalows noch nicht mit einer frischen Farbschicht bedeckt sind, die sie für die kommende Saison herausputzen soll. Unser Londoner, Walter White, der 1854 auf den Klippen herumstapfte, fand den Ort Lizard »ein armseliges, weit auseinandergezogenes Dorf, in dem kürzlich eine Kneipe gebaut wurde, um Besucher zu bewirten«; um diese Kneipe scheint er einen Bogen gemacht und es vorgezogen zu haben, sich »in einem kleinen Cottage am Meer« Erfrischungen zu kaufen. Er war von Cadgwith an der Küste entlanggewandert, wo er in einen kleinen Sturm geriet (und das im Sommer), der ihn beinahe kopfüber in den Felsspalt geschleudert hätte, der als Devil's Frying Pan, des Teufels Bratpfanne, bekannt war. Cornwall scheine mehr als andere Länder den Heimsuchungen »des Bösen« ausgesetzt zu sein, wie er feststellte. Die Landschaft war allerorten düster und gefährlich, und ein schmerzliches Gefühl der Einsamkeit beschlich ihn. Dem Franzosen Alphonse Esquiros erging es zehn Jahre später keineswegs besser. Er wurde von einem Sturm überrascht, Blitze zuckten, Donner grollte, und er musste bei einer Herde verängstigter Schafe Schutz suchen, die dicht aneinandergedrängt unter gewaltigen Felsblöcken lagen.

Beide Reisenden, auch Wilkie Collins, der Romancier, der mehr oder weniger um dieselbe Zeit auf der Landzunge des Lizard unterwegs war, wurden mit einer Geschichte über ein gesunkenes Schiff und den Tod erschreckt, die mit einem Ort namens Pistol Meadow verbunden war. Diese Schauergeschichte, die man sich an einem Hochsommertag in der Urlaubersaison nur schwer vorstellen kann, steht einem an einem Spätnachmittag im Februar, oder besser noch, im Dezember, wenn das Meer trübe und grau gegen die Felsen schlägt und die Klippenpfade durch den winterlichen Regen aufgeweicht sind, deutlich vor Augen.

Mitte des 18. Jahrhunderts lief ein Transportschiff vor Lizard Point auf ein Riff auf, und auf der Westseite, in der felsigen Bucht unterhalb der Klippen, wurden an die zweihundert Leichen an Land gespült. Die Menschen auf dem Lizard entdeckten sie bei Ebbe, in Felsspalten gezwängt, im Tang verfangen, halb unter Steinen verborgen und überall in Nähe des Riffs, wo das Schiff mit einer großen Ladung Waffen, hauptsächlich Pistolen, auf Grund gesunken war. Oberhalb der Bucht senkte sich eine struppige Wiese, die höchstens als Weideland taugte, zu den Klippen. Dort hoben die Menschen Gruben aus und trugen die toten Soldaten einen nach dem anderen über den steilen Pfad von der Bucht herauf, um sie zu begraben. Es war eine schwere Aufgabe, die mehrere Tage in Anspruch nahm, und zu ihrem Entsetzen sahen die Männer, als sie die Gruben schaufelten und die Leichen dorthin trugen, dass eine Meute ausgehungerter Hunde das Ufer heimsuchte. Diese Hunde stammten nicht nur aus der Nachbarschaft, sondern auch aus der Umgebung und wollten alle von den Ertrunkenen zehren. Doch zuletzt war am Ufer nicht eine Leiche mehr übrig; jeder Einzelne der armen Soldaten lag mit seinen Kameraden in den höher gelegenen Gemeinschaftsgräbern. Von diesem Tag an trug der Ort den Namen Pistol Meadow.

Monate und selbst Jahre danach, so erzählte man sich, mieden die Menschen vom Lizard die Gesellschaft von Hunden. Sie verjagten sie aus der Gegend, und es gab im Umkreis von mehreren Meilen nicht einen Haushalt, der einen haben wollte. Wilkie Collins fiel dieses Phänomen besonders auf. Er kam auf seinen Wanderungen von Farm zu Farm, ohne jemals Gebell zu hören; nicht eins dieser Tiere, das angekettet vor der Küchentür lag, oder einen Welpen, der an der Leine zerrte. Seiner Ansicht nach bestätigte ihre Abwesenheit auf der Landzunge und in der Umgebung die entsetzliche Geschichte in ihrer ganzen Schauerlichkeit.

Als ich etwa hundert Jahre nach Wilkie Collins diese Stelle aufsuchte, hielt ich mit einem Gefühl des Unbehagens Ausschau nach einem räudigen Köter, der auf die Klippen zusprang und von den Dorfjungen mit Steinen beworfen wurde, doch alles blieb friedlich. In der Nähe des Leuchtturms wies ein Mann, der den Innenraum des Cafés anstrich, westlich des Points auf Pistol Point, doch die Wiese war schwerer ausfindig zu machen, denn der Klippenweg oberhalb der Bucht war aus Sicherheitsgründen mit Draht abgesperrt – vor kurzem hatte es einen Erdrutsch gegeben –, dann bog der Weg nach links zu einer weiter vorn auf der Landzunge gelegenen Aussichtshütte. Es gab keine Wiese mit süß duftenden Wildblumen und nickendem Gras, das sich im Wind friedlich über die Totenhügel neigte, wie Wilkie Collins es beschrieben hatte. Die holprige Fläche fiel, von einem Bach durchzogen, geradewegs zu den Klippen ab, und bei den Hügeln, auf die ich trat, handelte es sich um natürliche Erdhügel, auf denen Stechginster sprießte, bis … ja, konnte es denn tatsächlich sein?

Eine kleine Einfriedung, umstanden von Weidestümpfen, vom Wind grotesk verformt, der Boden mit struppigen Grasbüscheln bewachsen. Die gesamte Fläche dieser Einfriedung umfasste, falls man sie aushübe, nicht mehr als viereinhalb auf sechs Meter. In manchen Versionen der Geschichte war von Gräbern die Rede, in anderen von Gruben. Gruben, beziehungsweise ein langer Graben, schienen wahrscheinlicher. Vielleicht waren, wie Wilkie Collins gesagt hatte, an dieser Stelle früher Wildblumen gewachsen, und zu seiner Zeit, bevor es dort Weidenstümpfe gab, war der Erdhügel über der Grube sichtbar gewesen, der heute, nach hundert Jahren Winterregen, abgesunken war. Der Ort war friedlich und ungestört, besser als viele andere Ruhestätten toter Soldaten.

Als ich ihn betrachtete und dann aufs Meer hinausblickte, dachte ich zurück an eine Nacht, die ich vor ungefähr fünfunddreißig Jahren im Lizard Hotel verbracht hatte, vielleicht in ebenjener »Kneipe«, die White, der Londoner, erwähnt hatte, und dass ich nicht schlafen konnte, weil der Lichtstrahl des Leuchtturms jede Minute über mein Fenster strich. Eins, drei, fünf, es war zum Verrücktwerden, als käme in regelmäßigen Abständen jemand in mein Zimmer, tauchte es in strahlend helles Licht, um es dann wieder auszuknipsen, und als sich im Lauf jener Nacht das Wetter verschlechterte, dröhnte auch noch das Nebelhorn. Vor zweihundert Jahren gab es keine Leuchttürme und keine Warnsignale, und alles, was die Soldaten auf dem Transport hörten, war das Geräusch des Meeres, das gegen das Riff donnerte, während sie, an Deck gekauert, auf das erste zerstörerische Krachen warteten, mit dem das Schiff auf die Felsen auflief.

Meine Erinnerung machte noch einen weiteren Sprung, zurück in jenen Sommer, als ich im Alter von zehn Jahren ungefähr drei Meilen von Lizard Point entfernt gewohnt hatte und mir, während ich mich von den Masern erholte, bei Kennack Sands selbst das Schwimmen beigebracht hatte. Eigentlich war es eher in einem geheimnisvollen, flachen Tidenpool unterhalb der Klippen gewesen, der jedoch tief genug war, um einem Kind über die Hüfte zu reichen. Das Wasser war immer ruhig, warm und einladend, während draußen, auf den eigentlichen Kennack Sands, hohe Wellen hereinrollten, die für meinen Geschmack zu prahlerisch und außerdem viel zu kalt waren. Meine ältere Schwester und meine Tante hüpften freudig darin auf und ab und wurden von der Gischt überspült, doch mir erschien das Meer selbst damals schon grausam und auf Opfer aus. Ich wollte nichts davon wissen. Der Tidenpool war besser.

Zudem war es unklug, sehr viel weiter auszuschwärmen, denn man hatte uns gesagt, eines Tages sei ein kleiner Junge auf Nimmerwiedersehen verschwunden, vom Treibsand verschluckt. Nicht hier in Kennack, versicherten meine Mutter und meine Tante eilig, sondern an einer anderen Stelle in Cornwall, Meilen entfernt. Wir zweifelten an dem Besagten. Treibsand war golden, viel schöner als anderer Sand, daher rührte die schreckliche Versuchung für den Herumwandernden. Ein Kind könnte unbeachtet aufs Meer zulaufen, und plötzlich würde der eine Fuß einsinken, dann der andere, bis zu den Knien, den Oberschenkeln, der Brust, und der goldene Sand, der es umgab, würde anfangen zu zittern. Der Vater des Jungen war ein Verleger, Grant Richards. Sein Haus lag nicht weit entfernt inmitten eines wild überwucherten Gartens auf den Klippen; sowohl das Haus als auch das Grundstück waren vernachlässigt. Der Verleger wohnte nicht mehr dort, er betrauerte den Verlust seines Sohnes.

Eine schreckliche Neugier trieb uns dazu, Nachforschungen anzustellen, und alle drei drückten wir uns die Nasen an den Fensterscheiben platt. Es war nichts zu sehen; ich wusste jedoch, der rennende Junge war nicht weit, er lief und lief, in Shorts, mit nackten Füßen, ein Krabbennetz über der Schulter, immer weiter auf den goldenen Sand zu.

Die Vergangenheit schwenkte herüber zur Gegenwart, und ich befand mich wieder auf dem struppigen Gras von Pistol Meadow. Irgendwie waren ganz Lizard Point und die angrenzenden Klippen und Buchten für meinen Geschmack zu dicht mit Phantomen bevölkert. Ich rief nach meinem Sohn, und wir stiegen wieder zum Parkplatz hinauf, kauften uns in blinder Gier Eiswaffeln und rasten auf der Höhenstraße aufs Neue Richtung Westen. Ich wollte, dass er den Küstenstreifen sah, der sich wie ein Wunder noch weißer, fester und sogar goldener als der Treibsand, in den Grant Richards' Junge vor einem halben Jahrhundert hineingerannt war, und ohne Schrecken für den Wanderer in bezaubernder Schönheit zwischen einem See und dem Meer erstreckt.

Er heißt Loe Bar. Von Osten her erreicht man ihn über ein schmales, steil abwärts führendes Sträßchen, das, dem Himmel sei Dank, nicht von Autos befahren werden kann. Der Besucher muss zu Fuß gehen und wird für seine Mühe mit dem plötzlichen Anblick des Meeres und dem ganzen, weiten Panorama der Bucht zu seiner Linken belohnt, und zu seiner Rechten mit den dunkleren, ruhigeren Wassern eines breiten Inlandsees. Der hohe Grat aus Sand übernimmt die Funktion einer Brücke zwischen den beiden, und wenn an schönen Tagen die Sonne scheint, ist die Wirkung auf das Auge verblüffend; das Meer, das sich leuchtend blau an der strahlend weißen Barriere bricht, und auf der näher gelegenen Seite der gekräuselte Süßwassersee, dessen Wellen über weicheren Sand lecken. Kein Gebäude verunstaltet den gegenüberliegenden Hügel, mit Ausnahme eines einzigen Hauses an der Klippenstraße, die zu dem kleinen Hafen Porthleven führt; sonst überall nur Bäume, mit denen der Hang bis ans Seeufer bedeckt ist. Über den Sommer kann ich nichts sagen, wenn ein Picknickplatz wie dieser Tausende von Besuchern anziehen muss, doch im Winter und Frühling liegt der weiße Sand unberührt, wie die Insel Robinson Crusoes, nicht einmal die Fußstapfen des Mannes Freitag sind zu sehen.

Nach den schweren Regenfällen des Winters füllen die Bäche, die von Helston herabfließen, den See, er läuft über und bedeckt den Sand bis zum Grat. Wenn dann ein starker Wind bläst und die Flut obendrein Springtiden bildet, reicht auch das Meer bis zu dem Grat, und die beiden Gewässer treffen aufeinander.

Wer immer in so einem Moment am Strand steht, muss sich fühlen wie Moses, der die zwölf Stämme zur Eile antreibt, während hinter ihnen die zweirädrigen Streitwagen der verfolgenden Pharaonen herangaloppieren. Heutzutage gibt es auf der Westseite einen Kanal, durch den das Seewasser abfließen kann, sodass es wild schäumend und Blasen werfend durch diese Rinne ins Meer stürzt. Früher war das nicht der Fall. Damals gab es einen seltsamen Brauch. Der See und das ganze angrenzende Land gehörte – und gehört übrigens immer noch – dem Eigentümer des Herrenhauses zwischen den Bäumen auf dem Hügel im Westen. Die Müller auf diesem Land, deren Lebensunterhalt bedroht war, da ihre Cottages an den Bächen und dem über seine Ufer tretenden See lagen, wandten sich an den Grundbesitzer. Sie überreichten ihm Geldbörsen, eine jede mit drei Halfpence bestückt, und baten ihn um Erlaubnis, zwischen See und Meer eine Rinne durch den Grat zu graben, um so dem Hochwasser eine Möglichkeit zu geben, ins Meer abzufließen. Der Grundbesitzer erteilte seine Zustimmung und nahm, indem er das Geld akzeptierte, seine Rechte wahr. Die Müller griffen daraufhin zu Schaufeln und Spaten und hoben am Strand die gewünschte Rinne aus. Die Arbeit war nicht schwer, denn das Wasser drängte aus dem See und bahnte sich in dem durchweichten Sand bald seinen Weg, und mit donnerartigem Grollen vermischten sich See und Ozean.

In alten Büchern wird gesagt, das Geräusch sei meilenweit bis ins Landesinnere zu hören gewesen, wie bei einem Kampf zwischen zwei Riesen, um festzustellen, wer von beiden der Stärkere ist, das brackige, über die Ufer tretende Wasser oder das wütende Meer. Der See, durch die beständigen, reichhaltigen Regenfälle des Winters gefüllt, war der Sieger. Der Gezeitenstrom wechselte die Richtung, das Meer zog sich zurück und trug einen breiten, schlammigen, gelben Bach mit sich fort, der bis weit hinaus in einem breiten Streifen die Wasseroberfläche verfärbte. Diese Schlacht setzte sich bei Ebbe und Flut jedes Mal fort, bis der See kein Hochwasser mehr führte und wieder zu seiner gewohnten Stille abgesunken war, und das einlaufende Meer, weniger wütend als zuvor, verschloss die Wasserrinne und spülte allmählich einen Grat aus Sand an. Bei Anbruch eines neuen Winters bildete dieser Grat erneut eine Barriere zwischen See und Meer.

Wir schlenderten über den Strand und stellten uns die Szene vor, und als wir uns dem See zuwandten, sahen wir eine anmutige kleine Segelyacht, die irgendwo auf der Nordseite bei den bewaldeten Abhängen ins Wasser gelassen worden war und gemächlich dahinglitt. Der Eigentümer des Herrenhauses war noch immer auch der des Sees.

7
Die kornische Gentry

Erster Earl of Cornwall war Robert de Moriton, ein Halbbruder Wilhelm des Eroberers. Später wurde die Grafenwürde je nach Laune des Monarchen demjenigen seiner nahen Verwandten verliehen, sei er nun legitim oder nicht, den er für dieses Erbe am befähigtsten hielt, bis Edward II., dieser kluge, weitblickende König, die Grafenwürde in eine Herzogswürde umwandelte und seinem Sohn, dem »Schwarzen Prinzen«, diesen Titel verlieh. »Indem er ihm einen Kranz aufs Haupt legte, einen Ring an den Finger steckte und einen Lehnsstab oder ein Zepter in die Hand legte; seit jener Zeit ist entschieden und vereinbart, dass der älteste Sohn des Königs, der Thronerbe, Earl of Cornwall sein soll, und durch einen besonderen Beschluss des Parlaments wird in diesem Fall davon ausgegangen, dass er von Geburt an das richtige Alter hat, so dass er ab dem Tag seiner Geburt besagtes Herzogtum beanspruchen und es ihm als rechtmäßiges Eigentum übertragen werden kann, als hätte er das volle Alter von 21 Jahren erreicht.«

Das war die Absicht, doch älteste Söhne verstarben und jüngere Brüder erlangten die Herzogswürde an ihrer Stelle. Oder das Erbe wurde auf anderen Wegen weitergegeben, wie zum Beispiel, als bei der Ablösung des Hauses Stuart durch die Hannoveraner George, der Prinz von Wales, mit dem Herzogtum belehnt wurde.

Keiner der Grafen oder Herzöge von Cornwall – mit Ausnahme Richards, des Bruders Henrys III., und seines Sohnes Edmund, die sich beide von Zeit zu Zeit in Dunheved Castle in Launceston und Restormel Castle in Lostwithiel aufhielten – hat je auf seinem Land gelebt. Deshalb entstand dort nie eine besondere höfische Tradition um einen Herzog, dessen Schloss oder Herrenhaus zu einem Machtzentrum hätte werden können, wo Höflinge und Adel um die Gunst ihres Herrn buhlten und von dem aus sich der Einfluss des Hofes auf das ganze Herzogtum hätte ausbreiten können. Wäre das der Fall gewesen, hätte die Geschichte Cornwalls einen anderen, eventuell turbulenteren Verlauf genommen. Abwesende Herrscher lassen ihren Untertanen eher die Möglichkeit, ihre Unabhängigkeit zu pflegen und ihren Lebensstil selbst zu wählen. Die normannischen Familien, die mit Wilhelm dem Eroberer nach England kamen, ließen sich in dem Land westlich des Tamar nieder und verschmolzen, auch wenn sie ihre stolze Herkunft nie vergaßen, mit der eingeborenen, ärmeren kornischen Bevölkerung. Und entschieden selbst, auf welche Seite sie sich schlugen, wenn andernorts Schlachten geschlagen wurden.

Der schwarze Tod brachte Verwüstung über das Land, die französischen Kriege Wohlstand – zumindest den kornischen Häfen. Während der Rosenkriege hielt der Großteil der führenden Gentry zum Haus Lancaster – Edward Courtenay von Boconnoc, Sir Thomas Arundell von Lanherne, Richard Edgecumble von Cotehele, John Treffry von Place House in Fowey. Sir Henry Bodrugan von Bodrugan bei Mevagissey erklärte allerdings seine Unterstützung für das Haus York und wurde zum Dank für seine Loyalität von Richard III. mit dem Land seiner Nachbarn beliehen. Doch die Sache derer von York unterlag in Bosworth Field, Henry VII. wurde zum König ernannt, und Sir Henry floh aus dem Land, um nie mehr zurückzukehren. Sein Haus, beziehungsweise das Land, ist heute eine Farm. Unmittelbar am Klippenrand gibt es eine Stelle namens Bodrugan's Leap; von dort soll der Ritter entkommen sein, indem er zu Pferd auf den Strand sprang und vermutlich per Schiff nach Frankreich entkam.

Henry VII. belohnte diejenigen, die die Sache des Hauses Lancaster unterstützt hatten, und die kornische Gentry konnte sich wieder in Sicherheit wiegen. In den Herzen gemeiner Männer, seien es Schmiede, Zinnarbeiter oder Anwälte, hielt sich immer noch ein Rest Loyalität für das Haus York, obwohl sie von den Steuern, die für einen Krieg gegen die Schotten erhoben wurden, hart getroffen waren; in der eitlen Hoffnung, dass der König sich ihre Proteste anhören würde, marschierte eine Schar mutiger, mit Brecheisen und Spitzhacken bewaffneter kornischer Männer im Juni 1497 durch Devon und Somerset nach Blacksheath im Süden Londons. Doch in Blacksheath erwartete sie eine Armee von zehntausend Männern, die kurzen Prozess mit ihnen machte. Die beiden Anführer der kornischen Truppe, der Anwalt Flamank und der Schmied Joseph, wurden zehn Tage nach der sogenannten Schlacht in Tyburn gehängt, gestreckt und gevierteilt, ihre Anhänger waren entweder desertiert oder ums Leben gekommen.

Im September scharten sie sich erneut zusammen, als Perkin Warbeck behauptete, der jüngere der beiden Prinzen im Tower zu sein, von dem man glaubte, er sei ermordet worden (obwohl er nie sagte, wie er überlebt hatte), und in der Nähe von Land's End in Whitesand Bay landete. Nachdem Perkin in Bodmin zu Richard IV. erklärt worden war, brach noch einmal eine Rebellenschar in Richtung London auf. Die kornische Gentry, die die Katastrophe kommen sah, blieb, wo sie war, und die sechstausend Männer, die gen Exeter marschierten, hatten außer ihrem falschen Prinzen keinen, der sie anführte. Als sie in Exeter zurückgeschlagen wurden, marschierten sie weiter nach Taunton, wo Perkin die Nerven verlor und seine kornische Armee bei Nacht und Nebel im Stich ließ, die, wütend und mutlos, gezwungen war, sich König Henry zu ergeben. In jedem kornischen Pfarrbezirk wurden Steuern erhoben, um die Strafe aufzubringen, die als Preis für die Rebellion gefordert wurde.

Es dauerte fünfzig Jahre, bis kornische Männer erneut in offener Revolte den Tamar überschritten. Als im Januar 1549 die Uniformitätsakte verabschiedet wurde, um die alte lateinische Messe abzuschaffen und durch den neuen englischen Gottesdienst zu ersetzen, war das Volk empört. Es hatte bereits mitansehen müssen, wie Abteien und Klöster geschleift und ihr Besitz den Untersützern der Reformation innerhalb der Gentry – die die Mehrheit bildeten – zu deren persönlicher Bereicherung überlassen wurde; doch das Verbot der Messe war der Tropfen, der das Fass zum Überlaufen brachte. Das Volk verstand das Book of Common Prayer, das Allgemeine Gebetbuch, nicht und gab dem alten lateinischen mit seinem vertrauten Klang den Vorzug vor dem gespreizten englischen, das manche von ihnen nicht einmal sprechen konnten. Ein paar Tage nach Pfingsten, als das neue Gebetbuch zum ersten Mal eingesetzt wurde, herrschte in vielen kornischen Pfarreien Aufruhr. Dieses Mal trat ein Mitglied der eigenen, kornischen Gentry, Humphry Arundell, als Anführer auf, der mit den Arundells of Lanherne in Pyder verwandt war, einer der ältesten Familien Cornwalls und fanatisch katholisch.

Die Rebellion gegen das neue Gebetbuch wurde unter der Führung Humphry Arundells in Bodmin lanciert, und als die Rebellen den Tamar überquerten, schlossen sich Anhänger der katholischen Sache aus Devon ihnen an. Exeter wurde fünf Wochen lang belagert, und unter den

Katholiken begann Hoffnung aufzukeimen, dass sich vielleicht zahlreiche weitere Bewohner Devons ihrer Sache anschließen würden, wenn Exeter fiele. Es sollte nicht sein. Die Garnison in Exeter wurde verstärkt, die Belagerung aufgehoben, und die kornischen Katholiken wurden nach hartnäckigem Widerstand geschlagen; Humphry Arundell wurde schließlich gefangengenommen und nach London gebracht, wo ihn das gleiche Schicksal ereilte wie den Anwalt und den Schmied vor fünfzig Jahren.

Die kornischen Katholiken wurden zerschlagen, ein, zwei Priester gehängt, die Menschen verloren ihre Messe, und wenn sie nicht zur Kirche gingen, wurden sie ins Gefängnis geworfen. Die Messe bekamen sie unter Mary Tudor für kurze Zeit zurück, doch als Elizabeth den Thron bestieg, wurde der kornischen Bevölkerung wiederum das neue englische Gebetbuch aufgezwungen, und dieses Mal für immer. Die Großgrundbesitzer waren eingefleischte Protestanten, und nur die Arundells hielten eisern an ihrem katholischen Glauben fest. Die Weigerung, in seiner Pfarrgemeinde die Kirche zu besuchen, kostete Sir John Arundell monatlich zwanzig Pfund, damals eine hohe Summe. Er feierte die Messe mit seinen nächsten Angehörigen zu Hause, und die Priester wurden als Gäste verkleidet herbeigeholt; damals wurden Geheimkammern gebaut, »Priesterlöcher«, wie sie später genannt wurden.

Als zwischen England und dem katholischen Spanien der Krieg ausbrach, bewies die kornische Gentry dem protestantischen Monarchen ihre Treue. Sir Richard Grenville von Stowe in Stratton erlangte Unsterblichkeit, als er vom Deck seines kleinen Schiffes *Revenge* gegen zweiundfünfzig spanische Galeonen kämpfte und dabei zu Tode kam. Damals schlug den kornischen Herren ihre höchste Stunde. Im Kampf gegen einen gemeinsamen Feind waren alle religiösen Streitigkeiten vergessen; doch sie zerstritten sich erneut, als in den Tagen der Stuarts in ganz England der Bürgerkrieg wütete und sich auch auf die ländlichen Gegenden Cornwalls ausweitete. Es war kein Krieg des Volkes, und was die Zinnschürfer, die Fischer und anderen Arbeiter davon hielten, ist nicht überliefert. Von der führenden Gentry in die Schlacht geführt wurden die Pächter, Farmer, Arbeiter, Holzhauer, Dienstboten, auf deren loyale Ergebenheit man sich verlassen konnte, ungeachtet auf welche Seite der Herr sich geschlagen hatte. Zwischen 1642 und 1646 wurden zwischen diesen kornischen Herren nicht nur zahlreiche ritterliche Scharmützel ausgetragen, über die bis zum heutigen Tag Geschichten kursieren, sondern auch zahlreiche blutige Gefechte, denn bei dieser Gelegenheit wurden außerdem alte Rechnungen und private Eifersüchteleien beglichen.

Die Brüder Grenville of Stowe – Sir Bevil und Sir Richard, Enkel jenes Grenville von der *Revenge* – lieferten einen Abriss der besten und schlechtesten Seiten des kornischen Charakters. Beide hatten den Löwenmut ihres Großvaters geerbt, doch es war Richard, an den der große Mann seine Skrupellosigkeit weitergab. Bevil, der ältere Bruder, war Grundbesitzer, ein ergebener Ehemann und Vater, der vom Leben nicht mehr wollte, als gerecht gegenüber seiner Familie und seinen Pächtern seinen Besitz zu verwalten. Als der Bürgerkrieg ausbrach, war er einer der Ersten, der nach seinem Schwert griff, seine Anhänger bewaffnete und sich für die Sache des Königs aussprach. Das erste Gefecht auf kornischem Boden wurde unterhalb von Boconnoc auf Bradock Down ausgetragen, und der von Bevil geführte Angriff war so heftig, dass das Parlamentsheer eine Schlappe erlitt und aufgelöst die Flucht ergriff. In seiner blau-silbernen Uniform rief Sir Bevil seine Pächter vor der Schlacht feierlich zum Gebet und erbat für König Charles und alle, die ihm dienten, Gottes Segen. Dann führte Bevil Grenville mit seinem Standartenträger Tony Paine, einem gewaltigen, über zwei Meter großen Riesen von einem Mann, der die Standarte mit dem Greifenkopf trug, seine Leute den Hügel hinunter, und unter »Ein Grenville ... ein Grenville ...«-Rufen vernichteten sie den angreifenden Feind.

Heute steht auf Bradock Down ein steinernes Denkmal, um diese Stelle zu bezeichnen. Das Gelände des Downs liegt an der Hauptstraße zwischen Liskeard und Lostwithiel, und der Abhang, von Gebüsch und Schösslingen überwuchert, erscheint als ein sehr kleiner Fleck, um vor dreihundertundsoundsoviel Jahren mit dem Getrappel der Pferde, den Schreien der sterbenden Männer und dem Gestank der Schlacht Bekanntschaft geschlossen zu haben. Das war im Januar 1643; im Mai wiederholte Bevil Grenville seinen Angriff, dieses Mal in Stratton in der Nähe seines Zuhauses dicht an der Quelle des Tamar, und gemeinsam mit anderen königstreuen Anführern vertrieb er den Feind aus Cornwall.

Die Ruhe war vorübergehend. Im Juli führte er seine kornischen Männer an, um sich dem großen königlichen Heer anzuschließen und Bath anzugreifen, wo auf Landsdowne Ridge, das vom Feind gehalten wurde, eine erbitterte Schlacht stattfand. Bevil Grenville, der den Sieg von Stratton wiederholen wollte, führte seine Männer bergan, um die Geschütze zu erobern. Er stürzte, tödlich verwundet. Daraufhin setzte Tony Paine, der Standartenträger, Sir Bevils kleinen Sohn John, einen Jungen von kaum vierzehn Jahren, auf das Pferd des Sterbenden, und der Junge, dem Tränen in den Augen standen, schwenkte das Schwert seines Vaters und ritt zur Verfolgung des Feindes.

Dies war eine jener instinktiven, ritterlichen Taten, die den Namen Grenville unvergesslich machten.

Bevils Bruder Sir Richard war ein Mann anderen Kalibers, ein Berufssoldat, der in Deutschland und England kämpfte. Mit der Schläue eines Söldners nahm er von den Führern des Parlamentsheers 600 Pfund entgegen und schloss sich dann den Truppen des Königs an. Er war brutal, skrupellos, kolossal diszipliniert, außerdem ein geschickter Stratege; bei seinen Feinden war er verhasst, seine Freunden misstrauten ihm gelegentlich; er verzweifelte bald an den nachlässigen Methoden seiner Mit-Befehlshaber. Er war der Meinung, dass sie sich für ihre Entscheidungen zu viel Zeit ließen und nicht rasch genug die Verfolgung aufnahmen; sie widmeten sich dem Kriegshandwerk, als wäre es ein Spiel und nicht ein Vorgang, der zur Vernichtung führte. Pardon weder zu finden noch zu geben war sein Motto, und nachdem er mitgeholfen hatte, das Parlamentsheer nach Cornwall zu locken, um es auf der Halbinsel vernichtend zu schlagen oder ins Meer zu treiben, lebte er gemäß dieser Maxime.

Hätten die anderen königstreuen Anführer auf ihn gehört, hätte die Sache des Königs vielleicht einen besseren Ausgang genommen, als es dann tatsächlich der Fall war. Eingeschlossen in einem Engpass zwischen Fowey und Par, kämpften die Parlamentstruppen unter dem Earl of Essex bei Castle Dor, dem Ort der Festungsanlage König Markes, eine hoffnungslose Schlacht; doch Essex entkam bei Nebel und Regen nach Fowey und von dort in einem Fischerboot nach Plymouth, während andere im Schutz der Nacht ostwärts zum Tamar ritten. Und im Folgejahr, 1645, wandte sich das Schicksal gegen die kornischen Royalisten. Der neue Anführer des Parlamentsheers, General Fairfax, war ein weitaus fähigerer Mann als Essex.

Grenville grollte und schäumte vor Wut, dass ihm nicht das oberste königliche Kommando übertragen wurde, und weigerte sich, Befehle seines vorgesetzten Offiziers, Lord Hopton, entgegenzunehmen; er wurde deswegen verhaftet. Fairfax stieß nach Westen vor und überquerte den Tamar. Das war der Anfang vom Ende. Im März 1646 stand er in Bodmin, und Hoptons Truppen wurden südlich von Truro abgedrängt.

Im April überließ Sir Arthur Basset von Tehidy St. Michael's Mount, die Festungsinsel in Mount's Bay, dem Feind, doch Sir John Arundell von Trerice hielt in der Festung Pendennis durch bis Mitte August, ein ruhmreicher Beweis für Mut und Ausdauer. Sir Richard Grenville war mittlerweile nach Frankreich entkommen. Ob er zurückkehrte, um an dem misslungenen, rasch niedergeworfenen Aufstand von 1648 teilzunehmen, wird wohl kaum jemals zu beweisen sein, doch er erklärte sich selbst zum »General des Königs im Westen« und starb 1659 einsam und verbittert in Holland, ein Jahr vor der Restauration. Richard Grenville war streitbar und, anders als sein Bruder Bevil, wenig beliebt, außer bei seinen eigenen Männern, die ihm bis in den Tod gefolgt wären; er war ein professioneller Soldat, der wusste, dass die Wahrscheinlichkeit gegen die ritterlichen, allerdings unkoordinierten Amateure der kornischen Seite stand. In Englands und Cornwalls Bürgerkrieg kämpften diese Amateure für eine verlorene Sache: Es waren die Berufssoldaten, die den Sieg davontrugen.

Während des Commonwealth waren einige der großen Besitztümer in andere Hände übergegangen. John St. Aubyn, ein Anhänger des Parlaments, hatte von Arthur Basset Michael's Mount übernommen. Francis Godolphin von Goldolphin Hall ging ins Exil, wie auch John Grenville, der Sohn Sir Bevils. Die Trelawnys von Trelawne wurden gefangengenommen, und die Arundells mussten eine Strafe bezahlen. Jonathan Rashleigh von Menabilly war ruiniert und sein Haus bis auf die Außenmauern zerstört. Mit der Restauration 1660 wurde den früheren Besitzern Vermögen und Grundbesitz zurückerstattet, doch der größte Teil der kornischen Gentry, und mit ihr das Volk, war verarmt und geschwächt, und von dieser Zeit an gingen die großen geschichtlichen Ereignisse an ihnen vorüber. Einige schafften es, mit Zinn ein Vermögen zu machen, für andere ergab sich ein gewisser Wohlstand aus der Ausweitung und Instandsetzung ihres Besitzes, doch der Großteil widmete sich dem Leben und geruhsamen Wirken eines Landadligen und befasste sich in den folgenden Jahrhunderten mit kirchlichen und anderen Angelegenheiten, wurde Parlamentsmitglied, Sheriff, Beamter, Farmer, Landschaftsarchitekt, allesamt gute, ehrenhafte Männer ohne hervorstechende Eigenschaften; ihr Feuer war erloschen.

Manche Häuser verfielen; andere wurden neu aufgebaut oder wiederhergestellt und sind im Besitz von Nachfahren der früheren Eigentümer oder an Pächter vermietet. Wer sich dafür interessiert, kann einige von ihnen besichtigen und andere aus der Ferne betrachten oder dort, wo inzwischen kein Gebäude mehr steht, zwischen Ruinen herumstöbern. Edgecumbe House von Cotehele ist heute im Besitz des National Trust, ebenso wie Anthony, das von den Carew-Poles bewohnt wird. St. Michael's Mount ist in Händen der St. Aubyns, Lanhydrock in denen der Agar-Robartes – sie waren im Bürgerkrieg die drei Letzten, die dem Parlament die Treue hielten –, und ihr Besitz ist heute ebenfalls Teil des National Trust. Die Vyvyans sind die Besitzer von Trelowarren, die Rashleighs die von Menabilly; beide waren in der Vergangenheit Anhänger des Königs. Noch immer leben Treffrys in Place House in Fowey, doch die Trelawnys leben nicht mehr auf Trelawne, und die Bassets sind von Tehidy verschwunden, das heute ein Krankenhaus ist, und die Godolphins residieren nicht mehr länger auf Godolphin Hall.

Es gibt keine Arundells mehr und keine Grenvilles. Diese beiden stolzesten und berühmtesten Familien der kornischen Gentry sind in Cornwall ausgestorben, der Name ist auf andere Zweige der Familie östlich des Tamar übergegangen. Neugierige und Nostalgiker, die dort herumwandern möchten, wo einst die Grenvilles zu Pferd unterwegs waren und mit Falken oder sonstwie zur Jagd gingen, können zunächst in Kilkhampton die Kirche besuchen und sich dort ihre aus Stein gehauenen Denkmäler ansehen und dann Richtung Coombe weiterfahren, wo auf dem Areal der beiden Grenville-Häuser das schöne alte Farmhaus Stowe Barton steht. Auf der anderen Straßenseite existieren noch die Grundmauern des großen Hauses, das Bevils Sohn John Grenville auf den Überresten seines väterlichen Hauses erbaut hatte, als er nach der Restauration zum Earl of Bath ernannt wurde. Es wurde nach seinem Tod niedergerissen; heute sind von den Terrassen und Gärten nur noch die alten Umfassungsmauern übrig. Die Küste und die hohen Klippen sind sehr nahe, und vom Atlantik her bläst ein scharfer, sauberer Wind.

Wenn wir dem Grenville-Territorium in Stratton Hundred den Rücken kehren und durch Lesnowth und Trigg weiter an der Nordküste entlangfahren, bis wir nach der Überquerung der Camel-Mündung Pyder erreichen, können wir die gleiche Zeit noch einmal einfangen und uns die Wohnstätten der Arundells ansehen. Trerice, drei Meilen von Newquay entfernt, ist eines der schönsten Tudor-Häuser des Landes und gehört heute dem National Trust. Lanherne, ungefähr acht Meilen weiter nördlich, war seit dem 13. Jahrhundert Sitz der Arundells, bis es mit dem Aussterben der männlichen Linie 1701 verfiel; es liegt im Dorf St. Mawgan und ist seit 1794 ein Kloster der Karmeliterinnen.

Wie passend, dass dieses Haus, das fünf Jahrhunderte lang den katholischen Arundells ein Zuhause bot, der Obhut katholischer Nonnen übergeben wurde. Die Art und Weise dieser Übergabe ist eine Schilderung wert. Die Urenkelin des letzten Sir John, die den Besitz zwar geerbt hatte, jedoch nicht bewohnte, heiratete einen entfernten Verwandten, den siebten Baron Arundell of Wardour, und vereinte so die beiden Zweige der Familie. Als der »Toleration Act« es den Katholiken 1781 erlaubte, ohne Geldstrafe oder gerichtliche Folgen den Gottesdienst in ihren eigenen Kirchen zu feiern, wurde es ihnen auch erleichtert, ihren Besitz zu veräußern; und als eine Gruppe englischer Karmeliterinnen während der Französischen Revolution von Antwerpen nach London floh, überließ der achte Baron Arundell von Wardour ihnen das alte kornische Herrenhaus Lanherne. Am 10. September 1794 betrat Elizabeth Maddocks, die Äbtissin, mit zwölf Nonnen und drei Laienschwestern das Haus der Arundells. Ungefähr drei Jahre später waren die letzten Reparaturen vollendet, und seit mittlerweile über zweihundert Jahren leben dort nun Karmeliterinnen.

Die Fassade von Lanherne, hinter der das Pfarrhaus liegt, sieht heute, in den sechziger Jahren des 20. Jahrhunderts, vermutlich noch genauso aus wie damals, als die großen Arundells es noch ihr Zuhause nannten. Dahinter, von Mauern und Gärten umgeben, befindet sich das Kloster, zu dem Außenstehende keinen Zutritt haben. Ich erhielt die Möglichkeit, das Pfarrhaus zu besuchen, die Treppe zum Besucherzimmer hinaufzusteigen und mich mit der gütigen irischen Äbtissin zu unterhalten, die durch ein doppeltes Gitter von ihren Gästen getrennt ist, und in der Kapelle neben dem Haus an einem Gottesdienst teilzunehmen. Dies ist eine unvergessliche Erfahrung. Es ist nicht die Schmucklosigkeit der Anlage oder die Gleichförmigkeit des karmelitischen Alltags, die den Laien beeindruckt, sondern die warme, willkommen heißende Atmosphäre, der Friede und das Glück innerhalb dieser Mauern, wo dreizehn Nonnen, wie schon ihre Vorgängerinnen, ihr Leben Gott und dem Gebet gewidmet haben.

In unmittelbarer Nähe befindet sich die Kirche St. Mawgan, wo früher die Arundells ihren Gottesdienst feierten; das dazugehörige Dorf liegt ganz in der Nähe im Tal. Der ganze Ort ist auf bewegende und sehr reale Weise von der gleichen Atmosphäre durchdrungen, die von Lanherne selbst ausgeht, und wurde im Lauf der Jahrhunderte durch gute, treue Männer und Frauen gesegnet. Die Fehden der Geschichte existieren heute nicht mehr; Flucht und Verfolgung, Streit und Rivalität zwischen den Religionen sind vergessen. Das Land mag sich ändern, große Flugplätze breiten sich auf den Höhenzügen aus, wo einst die Arundells entlanggeritten sind, kleine Hafenorte verwandeln sich in Touristenstädte, doch Lanherne bleibt, was es immer war: der Mittelpunkt eines untergegangenen katholischen Cornwall.

8
Die Tinner
(Die Zinnschürfer)

Lange bevor die Vorfahren der kornischen Gentry mit William dem Eroberer nach England übersetzten und später nach Westen über den Tamar nach Cornwall ritten, um sich dort niederzulassen, lange bevor Artus, Gorlois und Mark König wurden und Tristan die Königin Isolde liebte, lange bevor die Sachsen Verheerungen anrichteten und die Römer Straßen bauten, wurde damals, bereits in der Bronzezeit um 1800 v.Chr., in Cornwall Zinn abgebaut. Die ersten Entdecker aus dem Mittelmeergebiet, die sich entlang des Flusses Hayle und in West Penwith ansiedelten, brachten das Geheimnis mit oder entdeckten es – nämlich, dass es sich bei dem Gemisch aus Sand und Gestein, das von den Bächen und Flüssen die Hügel hinabgeschwemmt wurde, um kostbares Erz handelte, um Zinn, das, mit Kupfererz aus Irland vermischt, zu Bronze wurde. Daraus ließen sich Waffen schmieden. Die häusliche Verwendung folgte später: das Auskleiden von Töpfen und Pfannen, die Herstellung von Bechern, Tellern, Glocken – Zinn hatte aberhundert Verwendungen; doch schon damals und noch viele Jahrhunderte später wurde nach Erz gesucht, weil es, mit Kupfer vermischt, den Grundstoff für Bronze bildete, und weil die Halbinsel Cornwall in ganz Europa über die größten Lagerstätten dieses natürlichen Erzes verfügte.

Diese frühen Bergleute arbeiteten im Freien, zwischen Fels und Steckginster, gewannen das Zinn an der Felsoberfläche, wo die Erzadern freilagen. Der leichtere Abraum wurde von den Steinen gewaschen und die schwereren Steine zu Körnchen vermahlen, dann zum Brennofen gebracht und eingeschmolzen.

Die Römer und die Sachsen mit ihrem Geschick und ihrem Wissen vervollkommneten dieses ohnehin schon blühende Gewerbe. Doch erst im 12. Jahrhundert wurde unter Richard I. ein Gesetzeskodex für den Zinnabbau erlassen. Das war die erste Charta für den Zinnabbau, die »Charta of the Stannaries«, wie sie später genannt wurde. Darin wurde offiziell festgelegt, dass die Bergleute auf jedem brachliegenden Gelände nach Zinn schürfen und es bearbeiten durften, so wie es schon seit frühester Zeit ihr Privileg war. Der Grundbesitzer sollte einen Anteil erhalten, abgesehen davon durfte er sich in keiner Weise einmischen. Auf diese Weise wurde der Tinner als sein eigener Herr etabliert. Er konnte schürfen, wo und wie auch immer er es wollte. Falls er Erz fand, gehörte der Gewinn ihm, fand er keins, war er der Verlierer.

Dieses Wissen darum, sein eigener Herr zu sein und keinen anderen Regeln zu gehorchen als denen, die in der Charta festgelegt waren – über die der Warden der Zinngruben wachte –, verlieh dem Tinner im Vergleich zu seinen Mitmenschen eine einzigartige Stellung. Er war weder Sklave noch Diener oder angestellter Arbeiter, sondern freier Handwerker. Die Tinner hatten ihr eigenes Parlament und eigene Gerichte, um über ihre Streitigkeiten zu richten. Die einzige Steuer war die auf das Zinn selbst, und die wurde durch das Gesetz streng überwacht, um sicherzustellen, dass alles Zinn, wenn es einmal geschmolzen war, in eine Münzstätte gebracht wurde.

Von diesen Stätten gab es vier, die Städte Helston und Truro im Westen und Lostwithiel und Liskeard im Osten. Hier wurde das Zinn von Beamten der Krone gewogen und besteuert und mit dem Wappen des Herzogtums gestempelt. Dann wurde es an ausländische Kaufleute verkauft, und den Gewinn erhielten die Tinner. Diese viermal jährlich stattfindenden Versammlungen in den Münzstädten waren wichtige Ereignisse und dauerten manchmal bis zu zwölf Tage; das Prägen zur Sommersonnenwende galt als das größte Fest von allen und diente als Vorwand für Feiern aller Art.

Die Tinner arbeiteten noch immer mit Pickel und Schaufel im Freien, hoch in den Mooren zwischen Granitfelsen oder entlang der Flussufer, und wechselten das Terrain, wenn die Lagerstätte erschöpft war. Wer Zinn schürfen wollte, erstand beim Grundbesitzer eine Pacht oder ein »Set«, im Allgemeinen für ein Jahr, und bezahlte ihm dafür entweder eine vereinbarte Summe oder einen Anteil des gefundenen Zinns. Er bearbeitete das »Set« mit den Mitgliedern seiner Familie, mit zunehmendem Wohlstand beschäftigte er auch noch weitere Männer. Wenn das Zinn gewaschen war, wurde es mit Packpferden zur nächsten Schmelzerei gebracht. Auch der Schmelzer, wie der Tinner, pachtete sein Land vom Grundbesitzer.

Manchmal lag das »Set« in beträchtlicher Entfernung zu dem Weiler oder Dorf, wo die Tinner wohnten, dann errichteten sie auf dem ungenutzten Gelände in der Nähe ihrer Arbeitsstelle sogenannte Moor-Hütten. Eine Moor-Hütte war kahl und unbehaust, ein langer, fensterloser Raum, in dem die Männer aßen und schliefen, mit einem Kamin, um Torf und Ginster zu verbrennen, auf dem Fußboden lagen Stroh oder Heidekraut, auf dem sich die Männer nachts ausstreckten. Im Winter, wenn heftiger Wind den Regen über die Moore trieb und es bereits um halb fünf dunkel wurde, waren die Tage unglaublich hart. Wenn der mitgebrachte Proviant knapp wurde, stellten sie Kaninchenfallen auf oder schossen Wildgeflügel, Kiebitze,

Waldschnepfen, Enten, die zum Fressen ans Wasser, ins Heidekraut oder ins Dickicht der Marschen kamen; dann hockten die Tinner in der rauchgeschwängerten Luft ihrer unwirtlichen Unterkunft am Feuer und erzählten einander Geschichten aus vergangenen Tagen.

Es heißt, dass bei den Steinhaufen auf den Hochmooren der Geist toter Tinner umgehe, die durch ein Unglück zu Tode gekommen waren; später, als Pickel und Schaufel unter der Erde eingesetzt wurden, Stollen und Erdhöhlen gegraben, Schächte abgesenkt und die Männer wie Bergleute unter Tage arbeiteten, um das Zinn zu gewinnen, wurden diese Erscheinungen zu bösen Geistern verzerrt, dem Hörensagen nach mit verkniffenen Augen und einem Mund, der von einem Ohr zum anderen reichte, und nicht mehr als neunzig Zentimeter groß. Ob es sich um Lebende oder um Geister handelte, wusste niemand zu sagen, doch ihnen gehörte die Unterwelt und auch das Zinn, und einen von ihnen bei der Arbeit zu stören brachte Unglück. Die Männer stießen zufällig in Felsspalten auf ihre Werkzeuge, winzige, wie von Zwergen gefertigte Äxte mit scharfem Blatt und hübsch gearbeitet. Die Tinner nannten sie »Knackers«, abgeleitet, wie man meint, von dem seltsamen Klopfen und Tappen, das die Bergleute hörten, als sie zuerst unter Tage gingen. Der große Gelehrte Charles Henderson formulierte jedoch die These, dass das Wort im Angelsächsischen ursprünglich »Nicor« hieß und eine Elfe aus der Unterwelt oder einen Wassergeist bezeichnete. Das mag wohl sein, doch in späteren Jahrhunderten war der »Knacker« kein wohlwollender Wasserkobold, sondern ein abstoßender, verkrüppelter alter Mann mit einem Kopf, der für seinen Körper zu groß und mit struppigem rotem oder grauem Haar bedeckt war. Die »Knacker« trieben in Gruppen ihr Unwesen, änderten ihre Gestalt oder lösten sich in Rauch auf, wenn ein Tinner in ihre Nähe kam, und manchmal verwandelten sie sich aus schierer Teufelei in schwarze Ziegenböcke, die mit wildem Grinsen umhersprangen. Wenn es zu unterirdischen Erdrutschen kam oder Wasser eine Grube überflutete und ein Mann ertrank, war dies immer das Werk der »Knacker«, die Rache übten.

Der Zinnabbau unter Tage begann erst Mitte des 15. Jahrhunderts. Die Schächte wurden tiefer abgesenkt und die Stollen länger, auch die Arbeit wurde härter und gefährlicher, und in jeder Mine breiteten sich »Knacker«-Geschichten aus. Nichts förderte den Aberglauben mehr als die langen Tunnels, in denen ein Bergarbeiter, mit einer Kerze auf der Hutkrempe, kriechend oder halb gebückt oftmals bis zu acht Stunden in der heißen, abgestandenen Luft unter Tage arbeitete.

»Unangenehme Dunstschwaden zerrütten hie und da ihren Kopf«, schrieb Carew in Tudor-Tagen in seiner *Übersicht über Cornwall*, doch es war nicht nur ihr Kopf, der zerrüttet wurde, sei es durch die schlechte Luft oder die Teufeleien, die von den »Knackers« ausgeheckt wurden. Ihre Beschwerden nahmen im selben Maße zu wie die Kosten für die Zinnbearbeitung. Holz, Seile, Kerzen, das Absenken der Schächte, das Hinausschaffen der Erde, die Gefahr für Leib und Leben, das waren die Sorgen der Bergleute, die das Zinn unter Tage gewannen, statt es an der frischen Luft auszuwaschen.

Jetzt erschienen auch die ersten Mittelsmänner auf der Bildfläche, die den Bergleuten für den Abbau des Zinns Geld liehen; dabei handelte es sich um Kaufleute oder wohlhabende Tinner, die das Glück gehabt hatten, auf eine reiche Lagerstätte zu stoßen und nun als Geldverleiher auftraten. Auch der Grundbesitzer begriff allmählich, dass mehr für ihn in der Sache steckte, als nur die Verpachtung des Landes. Wenn er selbst eine Gesellschaft gründete und seine eigene Mannschaft beschäftigte, konnte er ein Vermögen verdienen oder verlieren – das Spiel war es wert. Sir William Godolphin von Godolphin Hall war einer von ihnen, und ab dem 16. Jahrhundert waren die Godolphins Besitzer der ergiebigsten Zinnvorkommen in ganz Cornwall. Die Bassetts von Tehidy und die St. Aubyns von The Mount gelangten ebenfalls durch das Zinn zu Reichtum, da der Besitz dieser drei Familien sich über das zinnreiche Gebiet von Kirrier und Penwith erstreckte.

Der einfache Bergmann, der an seiner Unabhängigkeit festhielt, zog es immer noch vor, statt für festen Lohn für einen »Tribut« zu arbeiten – das heißt, für einen Anteil am Minenvorkommen. Dies drückte zwar einen standhaften Stolz auf seine Arbeit und seine Unabhängigkeit aus, war andererseits aber auch mit Unsicherheit verbunden, denn eine ober- oder unterirdische Mine konnte im einen Jahr noch große Mengen Erz enthalten, im nächsten aber schon vollständig versiegt sein, und dann stand der Bergmann ohne Arbeit da.

In schlechten Zeiten, besonders Ende des 17. und 18. Jahrhunderts, als der Zinnpreis starken Schwankungen unterworfen war, gerieten die Tinner in eine ernste Zwangslage. Viele von ihnen waren dem Hungertod nahe, so dass sie sich zusammenrotteten, zum nächsten Marktflecken marschierten und dort auf der Suche nach Getreide in die Häuser der Kaufleute einbrachen. Es kam zu Unruhen in Padstow, in Truro und Redruth, und die Armee wurde gerufen, um sie zu unterdrücken. Und genau wie sich im vorrevolutionären Frankreich auf dem Land Gerüchte über Räuber und Desperados verbreiteten, die in die Häuser gesetzestreuer Bürger einbrachen, so ging in Cornwall beim einfachen Volk wie Farmern und Ladenbesitzern die Angst vor den Tinnern um, die für jede Unruhe, jede Störung des Friedens verantwortlich gemacht wurden.

Bei den Tinners, hieß es, handle es sich um einen gewalttätigen Menschenschlag, der vor nichts zurückschrecke, nächtens Reisenden auflauere und sie bewusstlos prügle, Hühnerställe und Scheunen ausraube, Türen und Fenster aufbreche, sich in Gruppen auf den Klippen zusammenrotte, um mit Laternen Schiffe in den Untergang zu locken und dann das Wrack zu plündern. Tatsächlich gründeten diese Legenden in Wirklichkeit auf der Hungersnot der Tinner und ihrem unabhängigen Geist, der sie von anderen Menschen unterschied. Tatsächlich waren die Tinner keine gewalttätigen Männer, sondern Individualisten, die ihre eigenen Bedingungen nannten, wenn sie, anders als in anderen Gewerben, ohne von irgendwelchen Arbeitgebern bedrängt zu sein, über oder unter Tage Zinn schürften. Das weckte das Misstrauen all jener, die nicht den Mut aufbrachten, es ihnen gleichzutun. Selbst die Feste dieser Bergleute, ihre Bräuche und Vergnügungen, wurden vielfach gefürchtet oder als unchristlich missbilligt; Hurling, Ring- und Hahnenkämpfe galten als Sport gewalttätiger Männer und führten zu Exzessen, Trunkenheit und blutigen Auseinandersetzungen. »Der gemeine Mann«, hieß es in einem Bericht, »ist ein sehr seltsames Wesen, bestenfalls ein Halbwilder.«

Mit dem Beginn des 19. Jahrhunderts und der industriellen Revolution im ganzen Land erfuhr das kornische Zinn eine Blütezeit. Straßen wurden verbessert, Gießereien und technische Einrichtungen gebaut, von Flüssen betriebene Pumpen eingerichtet. Nach und nach übernahmen Fremde von »up-country« die Kontrolle in den Kupfer-

und den Zinnminen, die früheren Glücksritter wurden von der neuen kapitalistischen Ordnung abgelöst. Trotz dieser Veränderungen blieb der alte Kameradschaftsgeist unter den Bergleuten erhalten. Klassenunterschiede gab es nicht. Die »Venturer«, wie die Aktionäre genannt wurden, die Obersteiger oder die Minenaufseher, die Zahlmeister, die einheimischen Besitzer, sie alle saßen bei den monatlichen oder vierteljährlichen Treffen zusammen, und diese Gelegenheiten waren ein Fest. Eine neue Maschine wurde installiert und gefeiert wie der Stapellauf eines Schiffs, Fahnen wehten und Musikkapellen spielten, und die Maschine wurde mit einer Flasche Portwein getauft. Eine Mine wurde zum Mittelpunkt ihrer Gemeinde, und Männer, Frauen und Kinder teilten sich die Arbeit; doch während die Spekulanten und die glücklichen Grundbesitzer reich wurden, erhielten die Bergleute von diesem Gewinn nur einen geringen Anteil und arbeiteten viele Stunden für wenig Lohn, so groß war die Konkurrenz, überhaupt beschäftigt zu werden.

Es war ein weiter Weg seit den Tagen ihrer Vorfahren, die das Zinn an der frischen Luft in den Mooren gewonnen hatten, doch ihr Mut und ihre Ausdauer waren so groß wie eh und je; die Minenarbeit lag ihnen im Blut, und sie wollten nichts anderes. Krankheiten forderten ihren Tribut. Die durchschnittliche Lebenserwartung eines unter Tage arbeitenden Tinners lag bei siebenundvierzig Jahren, falls er die allzu häufigen Unfälle überlebte; und wenn er an die Oberfläche kam, um seine Tage in einem überfüllten Cottage zu beschließen, schwarzen Staub spuckte und sich von Kartoffeln und Hafergrütze ernährte, gab es keine Gewerkschaft, die sich um ihn kümmerte, keine Regierungsstelle und keine privaten Wohltäter, die sich seiner Sache annahmen.

Gegen Mitte des 19. Jahrhunderts arbeiteten ungefähr fünfzigtausend Menschen in den Zinn- und Kupferminen, denn Cornwall war inzwischen der weltgrößte Kupferproduzent und lieferte zwei Drittel des gesamten Aufkommens. Die Minen konzentrierten sich nicht mehr nur im Westen Cornwalls, in Penwith, Kirrier und Pyder, sondern breiteten sich auch nach Osten aus und überzogen das ganze Land. Allein die große Caradon-Kupfermine, auf zwei Hügeln nördlich von Likeard an der Grenze zwischen East und West Wivel gelegen, beschäftigte viertausend Menschen. Der Boom erreichte seinen Höhepunkt in den späten sechziger Jahren des 19. Jahrhunderts, dann platzte die Blase. Am Viktoriasee war Kupfer, in Malaysia Zinn gefunden worden, dort lagen die Arbeits- und Produktionskosten niedriger als in Cornwall, und für die Grundbesitzer und Spekulanten zahlte es sich nicht mehr aus, ihr Geld im West Country zu investieren. Die große Zeit war vorüber. Gesellschaften gingen ein. Gruben wurden geschlossen. Hunderte, dann tausende der Bergleute in den Zinn- und Kupferminen waren ohne Arbeit und ohne Hoffnung auf Beschäftigung. Allein die Kupferproduktion fiel von 160 000 auf unter 500 Tonnen. Wenn sie nicht verhungern wollten, gab es für die Bergleute keine andere Wahl, als auszuwandern. Ein Drittel der Bergarbeiter verließ Cornwall vor Ende des Jahrhunderts und setzte seine Kenntnisse auf anderen Kontinenten ein, in Amerika, Südafrika oder Australien, während die Bergwerksstädte und -dörfer zu Hause sich entvölkerten und die Minen verödeten; kein Rauch stieg mehr aus den hohen Schornsteinen auf, kein Maschinenlärm drang aus den Pumpstationen, das Land in der Umgebung fiel erneut der Ödnis und dem Unterholz anheim. In der ersten Hälfte des 20. Jahrhunderts und zwischen den beiden Weltkriegen kam es zu einem kurzen Wiederaufleben der Produktion, doch waren damals nur vier Bergwerke übrig; heute sind es noch zwei, Geevor in St. Just und South Crofty in Camborne. Was die Zukunft für die kornische Minenindustrie bereithält, weiß niemand zu sagen. Andere Gesellschaften sind auf der Suche nach neuen Vorkommen, doch es wird britische Hilfe nötig sein, wenn nicht Kanadier und Amerikaner auf diesem Gebiet die ersten sein sollen. Noch immer liegen hier Zinn und Kupfer unter der Erde und warten auf neue Kapitalgeber, neue Prospektoren. Ob die Bewohner Cornwalls heute noch willens wären, sich wie ihre Vorväter unter Tage zu begeben und wie die alten Tinner eventuell für einen Anteil am Gewinn zu arbeiten und so an einer Mine beteiligt zu sein, ob sie all den Stolz und den Mut aufbrächten, die ein so riskantes Unternehmen begleiten, ist eine Frage, die nur sie selbst beantworten könnten.

In der Vergangenheit waren die Tinner ein wesentlicher Teil Cornwalls, sie waren Jäger und Sammler, die sich in der niemals enden wollenden Suche nach unterirdischen Schätzen aufrieben. Man kann unschwer herausfinden, wo sie lebten und arbeiteten. Die Schornsteinkästen, die nackt vor dem Himmel aufragen, die efeuüberwucherten Maschinenhäuser, daneben die immer noch körnig-schwarzen Kohlengrushaufen, sind allerorten zu finden, man sieht sie von Haupt- und Nebenstraßen aus, in einem besonders dichten Gürtel in der Mitte, im Westen zwischen Kirrier und Penwith. Hier sind sie möglicherweise nicht leicht von Gießereien oder industriellen Produktionsstätten zu unterscheiden, denn das Gebiet um Camborne und Redruth bildet auch heute noch einen Industriegürtel; doch in Richtung Nordosten bei St. Agnes Head an der Küste oder auch anderswo werden einem diese einsamen Embleme einer einst übervollen Vergangenheit plötzlich bewusst. Die Namen der Minen haben einen heimeligen Klang – Wheal Rose, Wheal Kitty, Wheal Harriet, Cook's Kitchen, Wheal Harmony, Wheal Fortune – und rufen Bilder der Männer hervor, die dort arbeiteten und ihre Zeche mit den gleichen Augen betrachteten wie ein Seemann sein Schiff, das, immer »sie«, gerühmt und verflucht wurde.

Die Wege zu den Minen sind von Gestrüpp überwuchert und manchmal unpassierbar, aber wenn man sich durch das Dornengesträuch einen Weg zum Maschinenhaus freischlägt und sich dort umsieht, geht von diesen Orten all die Schönheit und Trauer aus, mit der die Natur Ruinen ausstattet. Vielleicht wirkten sie einst hässlich und nackt wie heute Strommasten, der Rauch aus den hohen Schornsteinen verpestete die Luft, und statt der heutigen Stille dröhnte das Stampfen der Maschinen und das monotone Pochen der Förderpumpen durch die Luft. Frühmorgens, mittags und noch einmal abends ertönte die Glocke für den Schichtwechsel, und die Wege, die heute von Unkraut und Dornen überwachsen sind, hallten wider vom Schritt der Männer, die zur Arbeit kamen, während ihre Kameraden, die von ihnen abgelöst werden sollten, mit schmutz- und lehmverklebten Kleidern von den unterirdischen Stollen zum Schachteingang hinaufstiegen, einen Kerzenstumpf auf der harten Hutkrempe befestigt.

Spektakulärer als die kleinen Minen im Landesinneren sind die Schornsteine und Maschinenhäuser derjenigen, die am Meer und auf den Klippen erbaut wurden und dort kleben wie Adlerhorste. Botallack in der Nähe von Cape Cornwall in West Penwith weist eine nahezu geisterhafte Grandezza auf. Es liegt auf einer Felsspitze, an deren Fuß der Atlantik schäumt. Hier reichten die unterirdischen Anlagen etliche Meter tief unter den Meeresspiegel, und obwohl es nie zu einer Tragödie kam, waren sich die Bergleute des Meeres über ihren Köpfen, des finsteren Donnerns der Wellen, die sich an den fernen Klippen brachen, des in die Felsspalten eindringenden Salzwassers an ihrer Arbeitsstelle immer bewusst. Dieser Fels war ihr einziger Schutz vor dem plötzlichen Tod durch Ertrinken, die heiße, feuchte Luft machte ihnen das Atmen schwer, und schwer war am Ende ihrer Schicht auch der steile Aufstieg über Leitern hinauf zu den Klippen, möglicherweise ein nächtliches Klettern durch pechschwarze Dunkelheit, im Winter in einen ausgewachsenen Sturm, der draußen wütete.

Wheal Cotes auf St. Agnes Head liegt weniger steil und gefährlich, ist aber von umwerfender Schönheit. Die Landspitze, die heute der Obhut des National Trust untersteht, ist kahl und ursprünglich, mit Ausnahme der nackten Mauern des Maschinenhauses, die sich wie die Ruinen einer Kathedrale vor dem Himmel abzeichnen, während darunter, gewaltig wie ein dunkler Turm, ein einsamer Kaminkasten düster aufs Meer hinunterblickt. Hier ist es nicht leicht, sich die vielen Männer vorzustellen, die nach der Arbeit auf das grasbewachsene Land und an die frische Luft hinaufkletterten. Der Ort atmet eher die Dramatik alter Geschichten oder alter Zeiten, bevor die Bergleute sich durch Fels und Stein ihren Weg freischlugen. Dieser Schornstein hustete gewiss niemals Rauch aus, diese Mauern bargen niemals das machtvolle Stampfen einer Maschine. Wie die Gräber auf den Mooren von West Penwith standen sie für etwas jenseits der Zeit; sie waren Monumente des Muts und der Tapferkeit, für den eigentlichen Geist der Bergleute, die sich durch Widerstände und Verlust nicht unterkriegen ließen, Monumente, die vergangenen und zukünftigen Jahrhunderten die Stirn boten, Symbole eines kornischen Erbes.Section fehler

9
Religion und Aberglaube

Der Glaube liegt den Menschen in Cornwall im Blut und nahm im Lauf der Generationen unterschiedliche Formen an. Wie die meisten mediterranen Völker, so verehrten auch die ersten kornischen Siedler die Erdmutter, die Fruchtbarkeitsgöttin, die das Leben in die Welt brachte. Die Granitfelsen und -steine, in Millionen von Jahren von der Natur an die Oberfläche geworfen, waren ihr Werk. Darunter residierte sie, dunkel und geheimnisvoll, und hatte die Macht über alle Dinge, belebt oder unbelebt.

Die keltischen Völker brachten einen anderen Kult: Himmelsgötter, Sonnengötter, Baum- und Waldgeister, meist männliche Vorboten des späteren monotheistischen Gottes. Das Christentum schuf eine perfekte Synthese zwischen diesen beiden widerstreitenden männlichen und weiblichen Kräften.

Dann kamen in hellen Scharen die heiligen Männer aus Irland und Wales, die die kornische Bevölkerung tauften und ihrerseits zu Heiligen wurden, die man zu Lebzeiten verehrte und nach ihrem Tod um Hilfe bat. Die heidnischen Bäche und Quellen wurden auf ihre Namen umgewidmet, die Klausen der Einsiedler in Kapellen verwandelt. Kirchen wurden errichtet, die gesamte kirchliche Ordnung entstand. Die kornische Bevölkerung akzeptierte dies entsprechend ehrerbietig und gehorsam, doch unterschwellig lauerte unter all dieser Fügsamkeit ein tiefer, halb staunender, halb ängstlicher Aberglaube, ein Sich-Verlassen auf die alte Magie, die niemals ganz ausgestorben war.

Ein Zauber, ein Amulett, ein Fluch, ein Wunsch, solche

Dinge waren manchmal mächtiger als ein Gebet. Gewisse Vögel brachten Unheil, manche Tiere Verderben. Die Toten waren nicht im Fegefeuer oder lagen in ihren Gräbern, sondern gingen oftmals in den Hügeln um oder riefen vom Meer. Die Alten waren Hexen, die Jungen Wechselbälger. »Knackers« hämmerten und schrien in den Bergwerken, »Piskys«, die Hausgeister, brachten drinnen alles durcheinander, verdarben das Essen und ließen die Milch sauer werden. Kein Priester, kein Gottesmann hatte Kontrolle über diese Wesen. Sie kamen und gingen, wie es ihnen beliebte, und es war sicherer, sie zu besänftigen oder einen Gegenzauber anzuwenden.

Als der kornischen Bevölkerung mit der Reformation das Mysterium der Messe genommen, Bilder verboten, Weihrauch und Weihwasser aus den Kirchen verbannt wurden, suchte sie Trost in der Magie. Wenn die reformierte Kirche ihre tiefen emotionalen Bedürfnisse nicht befriedigen konnte, der alte Katholizismus mit seinem Zeremoniell nicht mehr den Gesetzen entsprach und Menschen gehängt und verbrannt werden konnten, wenn sie ihn praktizierten, dann wandte sich diese unbewusste Sehnsucht älteren Kultformen zu; das jahrhundertealte Gedächtnis regte sich, und die Geister, die in heiligen Quellen, auf Hügelkuppen und in Gehölzen, unter Steinen und in Erdhöhlen hausten, befriedigten diese innerliche Leere.

Die Gentry war wohlhabend und gebildet – wenn auch nicht notwendigerweise reich – und in der Mehrheit mit der neuen Ordnung der Dinge sehr zufrieden; sie zuckte angesichts des auf dem Land weitverbreiteten Aberglaubens nachsichtig die Schultern. Er richtete kein Unheil an. Manchmal bewirkte er sogar Gutes. Der Frau des Kuhhirten stand die Natur näher als der Dame des Gutsherrn, und wenn Erstere ein krankes Kind hatte, das Arzt und Medizin nicht heilen konnten, dann durfte die Kinderfrau ins Haus kommen und eine ältere »Arznei« mitbringen. Eine Kur gegen Keuchhusten bestand darin, das Kind unter dem Bauch eines Schecken durchzureichen, ein Tier, das sehr selten war und eventuell meilenweit entfernt in einem anderen Bezirk stand. Sein Besitzer kannte indessen seinen Wert. Der schiere Besitz eines solchen Pferdes verlieh ihm Prestige. Ähnlich wie einen Hengst zur Deckzeit, konnte er es von Dorf zu Dorf führen, während verängstigte Mütter, ihre weinenden, hustenden Kinder im Arm, an die Pforte ihres Cottages gerannt kamen.

Gegen Pocken und Masern gab es ein anderes Mittel. Ein lebendes Federvieh wurde in die Schlafkammer des Patienten gebracht, kopfüber an einem Balken aufgehängt, dann wurden ihm die Federn gerupft. Innerhalb von vierundzwanzig Stunden verschwanden die gefürchteten Pockenpusteln oder der Masernausschlag und gingen von dem Kranken auf das noch lebende Federvieh über. Der Vogel wurde in kürzester Zeit schwarz und verstopft und starb nach einem letzten Kampf, Fieber und Infektion des Patienten verschwanden. Diese Heilmethode fand sogar noch Mitte des 20. Jahrhunderts Anwendung.

Zahlreiche junge Burschen aus Herrenhäusern und Cottages konnten von ihrem Leistenbruch kuriert werden, indem sie mit leerem Magen vor Sonnenaufgang durch einen Eschenschössling kletterten; zahlreiche Kinder, deren Mundhöhle weiß war von Soor, wurden davon befreit, indem jemand, der nie seinen Vater kennengelernt hatte – da er, mit anderen Worten, nach dessen Tod geboren worden war –, ihnen in den Mund blies.

Kuren gegen Warzen gab und gibt es selbst heute noch unzählige. Menschen, die heilen konnten, waren als »Zauberer« bekannt, und das Geheimnis eines Zaubers wurde in den Familien häufig von einer Generation an die nächste weitergegeben. Die Wirkung solcherart weitergegebener Kuren schien mit der Zeit nachzulassen; aus diesem Grund mussten der Zauber, bei dem neun Brombeerblätter gesammelt, in Quellwasser gelegt und dann über die Warze gestrichen wurden, oder der, bei dem man eine Warze entfernte, indem man etwas Fleisch darauf zerrieb, das man dann in der Erde vergrub, bis es verfaulte, während die Warze in dieser Zeit verschwand, durch ihre weite Verbreitung an Kraft einbüßen. Einmal kurierte ich mich selbst von einer Warze an meinem Finger, nachdem mir ein ästhetisch ansprechenderer Zauber zu Ohren gekommen war als der, sie mit nassen Brombeerblättern oder fauligem Fleisch zu bestreichen. Die Warze, die ich schon mehrere Jahre gehabt hatte, war durch den Druck des Stifts beim Schreiben entstanden und verschwand innerhalb eines Monats.

Auch wenn die Nachfrage nach Zauberern in Cornwall schon immer groß gewesen war und die einheimischen Ärzte und möglicherweise auch den Pfarrer um ihr Geschäft brachte, waren Hexen doch wenig beliebt und wurden meist mehr schlecht als recht behandelt. Hexenkunst, wie Zauberei, galt als erblich, und jemand, dem die Nachbarn diese Gabe nachsagten, wurde misstrauisch beäugt. Begegnete man ihm auf der Straße, dann war es am besten, ihn auf der rechten Straßenseite zu passieren, und wenn man zufällig seinem Blick begegnete, hatte das für einen Unschuldigen womöglich schreckliche Konsequenzen. Einen »bösen Zauber« über sich verhängt zu bekommen war etwas, das um jeden Preis vermieden werden musste. Monatelange Krankheit konnte die Folge sein, das Vieh erkranken, Fische nicht anbeißen, Pflanzen verwelken. Die sicherste Methode gegen solche Katastrophen war, die Hexe selbst zum Bluten zu bringen. Dann versiegte ihre Macht.

Wenn ein Ochse oder ein anderes Tier wegen eines bösen Zaubers verendete, war es Brauch, sein Herz zu entnehmen, es mit Nägeln und Nadeln zu bestücken und es über dem Feuer zu rösten, bis die Nadeln eine nach der anderen ausfielen. Die Hexe sollte mit dem röstenden Herz leiden und wurde gezwungen, ihre Tat zu gestehen; der Besitzer des Tiers wurde dadurch von ihrem Zauber befreit. Viele kornische Dorfbewohner beauftragten Zauberer oder Wahrsager, die wie afrikanische Medizinmänner anhand geheimnisvoller Methoden die Identität einer Hexe feststellten. Wie im Dschungel konnten so alte Rechnungen beglichen werden.

»Passt auf, schaut euch um, meine Nachbarn. Falls einer von euch ein Schaf hat, das an Drehkrankheit leidet, oder einen Eber mit Mumps oder ein Pferd mit dem Koller, oder einen missratenen Schuljungen oder ein faules Mädchen am Spinnrad oder eine grämliche junge Dirn und nicht genügend Fett für ihren Haferbrei oder Butter auf ihr Brot, oder die Dirn hat ein bisschen Epilepsie oder Krämpfe, die sie mit den Augen rollen, den Hals verdrehen, mit den Zähnen knirschen und am ganzen Körper zucken lässt, dann haltet sie an Armen und Händen fest: Und wenn dann eine alte Mutter Nobbs sie zufällig ihre ›faule junge Hausfrau‹ genannt oder den Teufel aufgefordert hat, sie zu kratzen, dann ist die alte Mutter Nobbs zweifellos die Hexe, und das junge Mädchen von einer Eule verflucht worden.«

Eulen waren schon immer ein böses Omen. Ebenso Raben, die über einem Haus krächzten, oder ein krähendes Huhn. Kissen, die mit den Federn von Wildvögeln gestopft waren, erschwerten das Sterben und zogen es in die Länge. Der Tod wartete auch bei Ebbe. Das Auftauchen einer Kröte auf der Türschwelle war ein sicheres Zeichen, dass jemand einen bösen Zauber über das Haus verhängt hatte, und die Kröte wurde auf besonders barbarische Weise umgebracht. Bis zum heutigen Tag werden ein unerwünschter Hund oder eine unerwünschte Katze, die krank oder bösartig sind, vom örtlichen Tierarzt nicht ohne weiteres behandelt. Der Hund oder die Katze muss über die Klippen geworfen werden, »be put to cliff«, das heißt, lebend in einer Tasche festgebunden und ins Meer geworfen werden. (Von einem Schaf oder Ochsen, die sich zu nahe an die Steilküste wagen und verschwinden, heißt es ebenfalls, sie seien über die Klippen gegangen, »gone to cliff«, zusammen mit allerlei Abfall, Müll, altem Bettzeug, zerbrochenen Kisten.)

Geisteskranken erging es in früheren Tagen kaum besser als kranken Tieren oder Hexen. Sie wurden zur Behandlung in Teiche getunkt, wurden »bowssed«. Der berühmteste Teich, heute leider ausgetrocknet, lag unterhalb der Quelle St. Nunne in Altarnun; seit vor Jahren der Bach umgeleitet wurde, ist heute nur noch eine sumpfige Wiese davon übrig. Carew lieferte in seiner *Übersicht über Cornwall* dazu einen genauen Bericht, den zu zitieren sich lohnt: »Das Wasser, das aus der Quelle St. Nunne aufstieg, floss an einen gleichmäßig fest ummauerten Ort, der, wie erzählt wurde, wahrscheinlich sehr voll war. Der verzweifelte Mensch wurde mit dem Rücken zum Teich auf diese Einfassung gestellt und von dort durch einen plötzlichen Schlag vor die Brust kopfüber in den Teich gestürzt, wo für diesen Fall ein kräftiger Kerl bereitstand, der ihn in Empfang nahm und ihn hin und her schleuderte, über und unter Wasser, bis den Patienten die Kraft verließ und er seinen Furor einigermaßen vergaß. Dann wurde er in die Kirche gebracht und eine bestimmte Messe für ihn gesungen. Wenn er nach dieser Behandlung seine sieben Sinne wieder beisammen hatte, gebührte St. Nunne der Dank; gab es jedoch kaum Besserung, wurde er so lange immer wieder getunkt, als es für ihn eine gewisse Hoffnung auf Genesung gab.«

Von Menschen, die vor ihrem Tod Verletzungen erlitten hatten, sei es körperlich oder durch die Bosheit eines Nachbarn, glaubte man, dass sie niemals in Frieden ruhen würden, sondern die Gestalt eines weißen Hasen mit stechenden Augen annähmen, vor dem Hunde und anderes Getier jaulend Reißaus nahmen. Tatsächlich war der Hase der verhassteste aller Vierbeiner, sowohl im Osten Cornwalls als auch im Westen, denn wenn nicht der Geist einer toten Frau oder eines toten Mannes in ihm steckte, war er die Verkörperung der nächsten in Verdacht stehenden Hexe, vor allem, wenn sie zufällig alt, hässlich und übellaunig oder, noch bedeutsamer, lahm war. In einem Pfarrbezirk gab es einen Hasen, von dem behauptet wurde, dass er über mehr als gewöhnliche Fähigkeiten verfügte. Er trotzte der Verfolgung und den verblüfften Hunden. Als er eines Tages von einer Schar rechtschaffener Männer gehetzt wurde, sah man ihn um einen Hügel verschwinden, und als die Verfolger ihn einholten und auf die Felsen stiegen, die ihn verbargen, fanden sie gar keinen Hasen, sondern eine hässliche Alte, die nach der harten Jagd keuchte, und deren einer Fuß lahm war. Danach wurde ein Ochsenherz geröstet, um zu sehen, ob die Frau blutete.

Der Hase und später das Kaninchen wurden von den Fischern so sehr verabscheut, dass die Erwähnung des einen oder anderen auf See Leinen und Netze vernichtete oder den Tod der Fische herbeiführte. Zu meinem Leidwesen erfuhr ich das selbst, als ich mit einundzwanzig Jahren in der Nähe von Fowey vor der Bucht von Lantic Schellfisch zu fangen versuchte. Das Wetter war trüb, und bei einem Blick auf die Klippen bemerkte ich zu meinem Begleiter, dem kornischen Bootsführer, der mich bei solchen Ausflügen begleitete, dass wir wahrscheinlich besser an Land geblieben und Kaninchen gejagt hätten. Zu meiner Überraschung machte er ein bedenkliches Gesicht und holte langsam beide Leinen ein.

»Jetzt ist es vorbei«, sagte er, »heute fangen wir keinen Fisch.« Unter traurigem Kopfschütteln ruderte er mich nach Hause. Ich hatte das fatale Wort ausgesprochen.

Ein solcher Aberglaube, der durch keine Vernunft zerstreut werden kann, überlebt bis zum heutigen Tag, ebenso wie die Freudenfeuer in der Mittsommernacht und das »calling the neck« zur Erntezeit – wenn die letzten Weizenähren zu einem Bündel zusammengeschnürt und von einem triumphierenden Erntehelfer nach Hause getragen werden mit dem Ruf: »Ich hab ihn, ich hab ihn, ich hab ihn«, worauf seine Kameraden antworten: »Was hast du, was hast du?«, und er antwortet: »Einen Hals, einen Hals«, worauf das Bündel in die Küche getragen und bis ins folgende Jahr an einen Balken gehängt wird. Noch heute gibt es am Fastnachtsdienstag in St. Columb ein traditionelles Hurlingmatch zwischen Stadt- und Dorfbewohnern; ein silberner Ball wird in die Luft geworfen und dann in den Straßen und auf Überlandstraßen darum gekämpft. Beim »Furry«-Tanz am achten Mai in Helston ist die ganze Ortschaft auf den Beinen und tanzt von Haus zu Haus. Die Hetzjagd auf das Steckenpferd in Padstow an einem Maimorgen ist ebenfalls ein urheidnischer Zeitvertreib. Ein Mann mit einer Maske, einen bemalten Hut auf dem Kopf und mit einer schwarzen Plane bedeckt, die ein glockenförmiges Zelt bildet, rennt auf die gaffende Menge zu und wird unterdessen von seinen verkleideten Wärtern gepiesackt. Das ist etwas anderes als der biblische Sündenbock: Der Winter wird mit all seinen Übeln aus unserer Mitte vertrieben. Diese unschuldigen Vergnügungen boten über unzählige Jahrhunderte Erleichterung, während die dunkleren Bräuche häufig unausgesprochen und unbesungen blieben.

Die religiösen Bewohner Cornwalls benötigten ein Ventil für ihre Gefühle. In der etablierten Kirche fanden sie es nicht. Die Pfarrer in den Gemeinden waren allzu oft mit dem örtlichen Grundbesitzer oder Gutsherren verwandt und in den Köpfen der Menschen mit der Gentry verbandelt. Die Gottesdienste waren ermüdend, die Predigten langweilig und immer wieder gleich, und für die Menschen, die in beengten Cottages ein armseliges Leben führten, gab es an dem sich hinziehenden Sabbat wenig zu tun.

Als John Wesley 1743 nach Westen reiste, traf er wie ein Tornado auf Cornwall; er warf traditionelle Vorstellungen über den Haufen, ließ die vermeintlich Gläubigen auseinanderstieben, schockierte die Pfarrer, scheuchte die Grundbesitzer auf, erschreckte die verblüfften Menschen und weckte in ihnen ein lebhaftes Gefühl nicht nur für ihre eigenen Unzulänglichkeiten, sondern auch für ihren eigenen Wert, so sie denn ihre Sünden vor einem allgegenwärtigen, lebendigen Gott bereuten. Zunächst aufgebracht, dann neugierig und schließlich erpicht auf seine Lehren, strömten sie herbei, um sich die glühende Botschaft dieses gewaltigen Predigers anzuhören, der so klein war, dass er sich auf einen Felsen stellen musste, um gehört zu werden. Hier war jemand, der keine Unterschiede zwischen den Menschen kannte und sich in völliger Missachtung ihrer Stellung auch um die Seelen von Fischern oder Bergleuten kümmerte, sie in ihren Cottages besuchte, ihre Kinder segnete und, sogar noch aufregender und ergreifender, in ihren abgestumpften Herzen wieder sämtliche Schrecken des Höllenfeuers wachrief. Bereue … bereue … das Fegefeuer erwartete all jene, die das Wort Gottes nicht hören wollten, und ewige Qualen, die Schrecken der Verdammnis, doch für die Männer, Frauen und Kinder, die der Sünde abschworen, ihre Lasterhaftigkeit eingestanden, würde es Gnade geben, Vergebung und den immerwährenden Arm Gottes.

Das war es, was das kornische Volk brauchte. Hier war das Ventil, nach dem es sich sehnte – Tränen, Klagen, Sich-auf-die-Brust-Schlagen, Kniefälle, die Erleichterung nach der Beichte, gefolgt von den Freuden der Erlösung und Gesang. Die große Erweckung hatte begonnen.

Wesleys Triumph, der in den folgenden Jahren Wellen von Konvertiten hervorbrachte, blieb nicht ohne Widerstand. Der Klerus und ein Großteil der Gentry warfen ihm vor, sich in fremde Angelegenheiten einzumischen, und Gerüchte, die sich in Cornwall schneller verbreiteten als irgendwo sonst in England, wollten wissen, der Prediger sei ein Anhänger Charles Edward Stuarts, des jungen Thronprätendenten, außerdem habe der Bewerber um den Thron der Hannoveraner sich sogar verkleidet, um in Wesleys Gefolge zu reisen, und halte sich unter falschem Namen irgendwo im Lande auf.

Tinner, die auf einen Kampf brannten, scharten sich vor den Häusern zusammen, in denen Wesley predigen sollte, und bemühten sich, ihn niederzuschreien – nicht aus Feindseligkeit, sondern aus Jux. Tatsächlich waren sie unter den Ersten, die seinen zwingenden Worten erlagen, die Ersten, die auf die Knie fielen.

»Es ist bemerkenswert«, notierte der Prediger in sein

Tagebuch, »dass die aus St. Just im ganzen Land im Hurling, beim Kämpfen, Trinken und allerlei Gottlosigkeiten die Besten waren; doch viele der Löwen sind zu Lämmern geworden, preisen immerzu Gott und rufen ihre sündigen alten Kameraden auf, zu kommen und mit ihnen gemeinsam den Herrn zu lobpreisen.«

Wesley besuchte Cornwall in den nächsten vierzig Jahren immer wieder, und trotz gelegentlicher Unruhen, Rückschläge und Feindseligkeiten vonseiten einer Minderheit, mochte er 1789, als alter Mann von sechsundachtzig Jahren, bei seinem letzten Auftritt dort das Gefühl gehabt haben, eine wahrhaftige Revolution in Gang gesetzt zu haben. Dank seiner Anziehungskraft hatte er nicht nur die Herzen der Menschen gewonnen, seine Botschaft war auch hängengeblieben. Apathie, Verzweiflung und allgemeine Gesetzlosigkeit, die er bei so vielen angetroffen hatte, waren weitgehend überwunden; er hatte den Menschen neue Hoffnung gegeben und wieder einen Glauben an die Zukunft. Genau wie die Tinner in den alten Tagen ein eigener Menschenschlag waren, so fanden die Methodisten, die sich beinahe vollständig aus den weniger wohlhabenden Mitgliedern der Gesellschaft zusammensetzten, in vereinter Kameradschaft zusammen. Unter ihnen entstand ein neuer Stolz, auf die Arbeit, auf eine würdige Lebensführung, Ruhe und Verständnis zu Hause. Die Plage des Alkoholismus besserte sich, Wrackplünderungen gehörten der Vergangenheit an, und obwohl die schlimmsten Bergwerksunglücke Ende des 18. und 19. Jahrhunderts erst noch bevorstanden, war es hauptsächlich Wesleys Predigten zu verdanken, seiner Botschaft von Liebe, Nachsicht und Gehorsam, dass der Kampf mit so viel Seelenstärke aufgenommen wurde.

Die von den Methodisten errichteten Kapellen sind über

ganz Cornwall verstreut. In jedem Dorf, jeder Stadt gibt es eine. Viele davon sind einfach und schlicht, charakteristisch für die zerklüftete Landschaft, die sie hervorgebracht hat. Andere, aus späteren Tagen, sind weniger reizvoll und entsprechen einem viktorianischen Stil, dem es an Geschmack mangelt. Doch sogar diese sind typisch für ein Volk, das an seinen Treffpunkten eine eigene Form des Gottesdienstes wünschte und sich keinem Diktat unterwarf, keiner Autorität einer regierenden Klasse.

Der berühmteste dieser frühen Predigtorte ist Gwennap Pit in der Nähe von Redrut, wo John Wesley auf dem Gelände eines stillgelegten Bergwerks unter freiem Himmel Tausende bekehrte. Seit seinem Tod findet dort alljährlich am Pfingstmontag ein methodistischer Gottesdienst statt. Gwennap war auch die Heimat des aus Cornwall stammenden Wanderpredigers und Bergarbeiters Billy Bray, der von all seinen Kameraden hoch geschätzt wurde und nichts dabei fand, die ganze Woche unter Tage zu arbeiten und am Sonntag über zwanzig Meilen zu marschieren, um in einem Dorf eine Predigt zu halten. Männer wie diese – und er hatte viele Anhänger – waren Enthusiasten, die das Evangelium im Alltag lebten und mit der ganzen Inbrunst der frühen kornischen Heiligen das Christentum predigten und praktizierten.

Es war unvermeidlich, dass das tiefempfundene Gefühl und die innere Einfachheit der großen Erweckungsbewegung im Lauf der Jahre Veränderungen unterworfen waren. Wohlhabendere Gemeindemitglieder, Kaufleute, Händler und Ratsmitglieder wurden glühende Anhänger dieser Glaubensrichtung. Der Methodismus wurde respektabel. Was als spontane und zutiefst emotionale Reaktion des einfachen Arbeiters begonnen hatte, entwickelte sich nunmehr zu etwas weniger Dynamischem, und nach der ersten heftigen Wirkung ging die Ursprünglichkeit verloren. Das Höllenfeuer war noch immer präsent, die nachbarschaftliche Liebe weniger. Gesichter, die vor Eifer geglüht hatten, wurden vor Missbilligung säuerlich. »Du musst« wurde ersetzt durch »Du darfst nicht«. Der Sonntag war weniger ein Tag der Ruhe als ein Tag des Gerichts. Ohne Arbeit natürlich – aber auch ohne Spiel. Kein Flirt in den Straßen. Kein geruhsames Fischen. Kein Ringkampf in den Hügeln. Keine Lektüre eines anderen Buchs als der Bibel. Zu viele geschürzte Münder und schiefe Blicke für junge Frauen, die sich gerne ein wenig herausputzten oder einen kessen Hut trugen.

Im 20. Jahrhundert wurde in Cornwall, wie im übrigen Land, der Sonntag durch die beiden Weltkriege, einen gestiegenen Lebensstandard und die Zunahme des Tourismus zu einem Urlaubstag für alle. Die Anzahl der Gläubigen in der Kirche ist zugegebenermaßen nicht mehr so groß, wie sie einmal war, doch Männer, Frauen und Kinder gehen aus dem Haus, um etwas zu unternehmen, ohne das Fegefeuer zu fürchten. Der Umschwung von einer engen Sichtweise hin zu einer Wertschätzung der größeren Welt ist ein glückliches Ergebnis, solange die Menschen in Cornwall nicht ihre Individualität, ihr Gefühl und selbst einen gewissen Aberglauben einbüßen. Das muss ihre Rettung sein. Noch immer werden am Mittsommerabend Freudenfeuer angezündet, noch immer warten Quellen unter verfilztem Dornengestrüpp auf Votivgaben. Auf der Haut bilden sich Warzen, vom Meer ertönen Stimmen, die besänftigt werden müssen, und ein winterlicher Spaziergang in den Hügeln mag noch immer einen verschreckten Hasen aufscheuchen, der einen mit brennenden Augen ansieht, bevor er humpelnd in der Deckung verschwindet.

10
Exzentriker

Der Wunsch nach Autarkie, immer ein so ausgeprägtes Merkmal des kornischen Charakters, kann, wenn er in Abgeschiedenheit gehegt wird, leicht in Exzentrizität umschlagen. Tatsächlich lebten auf der kornischen Halbinsel seit frühester Zeit eine Fülle von Exzentrikern, die außergewöhnlichsten darunter die aus Irland gekommenen ersten Heiligen. Von St. Piran wurde behauptet, er sei auf einem Mühlstein am Strand von Peranzabuloe aufgetaucht, nachdem Heiden in seinem eigenen Land ihn darauf festgebunden und über die Klippen geworfen hätten. St. Ia, die Gründerin von St. Ives und Tochter eines irischen Stammesfürsten, sei auf einem Blatt gemächlich in den Mündungstrichter des Flusses Hayle gesegelt. St. Petroc, ein walisischer Königssohn, landete auf orthodoxere Weise mit sechzig Anhängern im Fluss Camel, doch seine erste Tat bestand darin, wie Moses Wasser aus einem Fels zu schlagen; er lebte in großer Enthaltsamkeit in der Nähe von Padstow, dann reiste er nach Osten, wo man von ihm behauptete, er habe sieben Jahre von einem einzigen Fisch gelebt. St. Gennys war ein Märtyrer mit der ungewöhnlichen Begabung, seinen Kopf nach der Enthauptung in den eigenen Händen zu tragen, und die heilige St. Keyne, die im 7. Jahrhundert von Somerset nach Cornwall kam, war berühmt dafür, dass sie Nattern in Steine verwandelte. »Diese Frau«, berichtete der Historiker Hals, »ist jetzt in Cornwall sehr gefragt, wo sehr zum Schaden von Mensch und Tier Nattern und Schlangen in großer Zahl vorkommen.«

Die Namen bestimmter Orte gerieten oft mit den Namen von Heiligen und Pilgern durcheinander; so wurde vom Pfarrbezirk Roche, der von einer großen, natürlichen Felsformation beherrscht wird, auch behauptet, er sei vom heiligen Rochus gegründet worden, der im französischen Montpellier geboren wurde und etliche Menschen von der Pest heilte, bevor er selbst angesteckt wurde. Danach zog er sich in einen Wald zurück, um nicht auch noch seine Nachbarn anzustecken; dort lebte er von der Freundlichkeit eines Hundes, der ihm jeden Tag einen Laib Brot brachte. St. Rochus wiederum wurde mit einem anderen Einsiedler verwechselt, der, da er »schwer an Lepra erkrankt war«, in einer einsamen Klause auf einem Felsen lebte und von seiner Tochter Gunett oder Gundred versorgt wurde, die ihm aus einer nahen Quelle Wasser brachte.

Auch bei dem heiligen Nectan handelte es sich um einen Einsiedler, der ein paar Meilen von Tintagel entfernt im Landesinnern einem Wasserfall und einer Schlucht seinen Namen gab. An dieser Stelle, oberhalb der Wasserkaskaden, die zwölf Meter oder mehr in das darunterliegende Becken stürzen, ehe sie sich als Bach durch den Wald winden und in eine tiefe Schlucht namens Rocky Valley abfließen, hieß es, habe der Einsiedler sein Zuhause gehabt, und vermutlich ist er unter den flachen Steinen des Beckens oder »Kieve«, auf die das Wasser herabstürzt, begraben. Die Straße zwischen Boscastle und Tintagel durchschneidet das Tal und führt über den Bach. Heute würde sich der Einsiedler in dieser Gegend in seiner Einsamkeit gestört fühlen, da Tintagel im Sommer einen wichtigen Anziehungspunkt für die Touristen darstellt, der es an Beliebtheit mit Land's End aufnehmen kann. Anders im Winter. Sowohl das Rocky Valley als auch St. Nectan's Glen sind dann so einsam, wie auch der leidenschaftlichste Pilger es sich nur wünschen kann.

Im Rocky Valley gibt es trotz des Namens, der einen mühsamen Aufstieg verheißt, einen Weg, der in verhältnismäßig sachten Windungen zum Meer führt, den man ohne Anstrengung für Herz und Glieder weggehen kann. Doch während des steilen Abstiegs ragen die zerklüfteten Klippen zu beiden Seiten über den Köpfen der Wanderer auf, und die Felsen mit ihrer dunklen, glitschigen Oberfläche wirken auch auf Abenteuerlustige, die den Hals recken, um einen Blick auf den in der Tiefe rauschenden Bach zu erhaschen, unheilvoll. Die Enge der Schlucht drängt den nach den Regenfällen des Winters angeschwollenen Bach zur Eile; weißer Schaum wirbelt von dem steinigen Bachbett in ein unvermittelt stilles Gewässer und stürzt von dort nach kurzem Verbleib von der Schlucht ins offene Meer. Es gibt keine Bucht, um dieses Sturzwasser in Empfang zu nehmen, keine Landspitze, keinen Kiesstrand wie in Marsland Mouth. Der Atlantik brandet mit voller Wucht gegen die Klippen, allzeit gewaltig und grau wie die Felsen, die die Schlucht einrahmen, und nimmt den Sturzbach aus Rocky Valley bei Ebbe und Flut in sich auf.

Falls der Einsiedler vor Jahrhunderten hier entlangging, dann hat sich bis heute nichts verändert. Das stetige Geräusch des Wassers ist immer noch das gleiche, ebenso die schäumende Kaskade ins Meer. Ebenso die glitschige Felsoberfläche, die winters wie sommers niemals trocknet. Die Stelle hat all das Unwirtliche eines gänzlich von den Menschen, ja, sogar vom Leben selbst abgeschiedenen Orts. Es gibt keine Möwen, die auf Felsvorsprüngen oder Spalten hocken, keine weidenden Schafe auf dem Gelände dahinter. Die Gewalt der Materie ist überwältigend, harter Fels, der sich der elementaren Wucht des Wassers widersetzt. Vielleicht war es das, was den Einsiedler bewog, von seiner Klause weiter oben im Tal hierherzuwandern und zu versuchen, die Gleichgültigkeit der Natur mit der Mildtätigkeit eines allwissenden Gottes zu versöhnen.

Zum Meer hin findet der Wanderer keinen Ausgang, er muss umkehren und zur Straße hinaufsteigen, und wenn er sie überquert hat sich durch den Wald talaufwärts auf die Suche nach dem Wasserfall St. Nectan begeben.

Die Szenerie verändert sich, die zerklüftete Großartigkeit schwindet. Die eng beieinanderstehenden Bäume wirken melancholisch und werden immer zahlreicher und dichter, der Bach plätschert in Windungen durch das Unterholz und triefendes Moss. Die Luft ist selbst im Winter drückend, dunstgeschwängert. Gelegentlich führen Trittsteine über den Bach, doch nach einem besonders nassen Winter haben sie sich gelöst und wurden vom Wasser davongetragen, und es gibt keine andere Möglichkeit, als über den Bach zu springen, falls der Wanderer so beweglich ist, oder sich verzweifelt an den tiefhängenden Ast eines abgestorbenen Baums zu klammern und eine Weile daran zu schaukeln wie Abschalom, ehe man endlich den Sprung ans gegenüberliegende Ufer wagt. Überall liegen faulende, von Pilzen befallene Baumstämme, die von nahem einen üblen Geruch verströmen, und der Weg führt, von Dornenranken überwuchert, unverdrossen aufwärts durch das Tal zu dem fernen Geräusch des Wasserfalls. Verzweiflung macht sich breit. Der Wanderer wird es nicht schaffen und stellt mit Herzklopfen fest, dass es bereits fünf nach vier ist und die Dunkelheit nicht mehr fern, die hier im Wald schneller anbricht als auf offenem Gelände. Außerdem, was, wenn der modernde Ast, der auf dem Rückweg als Geländer dient, bricht und ein schrecklicher Sturz, hüfttief in in das reißendes Wasser, die Folge wäre?

Doch wie Junker Roland, der zum dunklen Turm kam, muss er weitergehen, es bleibt ihm nichts anderes übrig.

St. Nectan wird zu einer mythischen Figur, doch seine Klause zumindest könnte ein Rastplatz sein. Vielleicht auch ein nicht ganz so willkommen heißender Ort. Denn der Spaziergänger erinnert sich an eine spätere Legende, die ebenfalls mit dem Tal in Verbindung steht und nicht weiter als ein Jahrhundert zurückreicht – darin sind sowohl all das Übertreibende als auch das Glaubwürdige kornischen Klatschs enthalten.

Es waren einmal zwei Frauen, so lautet die Geschichte, die zu St. Nectans Klause kamen, als sie noch bewohnbar war – das heißt, zu einem Cottage an ebenjener Stelle, wo der Einsiedler gelebt hatte. Die Bewohner von Bossiney, des nächstliegenden Dorfes, wussten nichts über diese Frauen, weder über ihre Geschichte noch darüber, woher sie kamen. Sie erfuhren nie ihre Namen. Vermutlich waren sie von adliger Herkunft, denn ihr Auftreten war ernst und würdevoll, und sie bezahlten für jeden Kauf, doch sie ermutigten keine Fragen, stellten auch selbst keine und lebten Monat für Monat zurückgezogen in ihrem Cottage am Wasserfall. Sie hatten keine Dienstmagd und erhielten keinen Besuch, und nie wurde im Dorf oder im Tal die eine ohne die andere gesehen. Das Misstrauen wuchs. Unter den Dorfbewohnern hieß es, das Paar spreche eine fremde Sprache und flüstere sehr leise, als hätte es Angst, belauscht zu werden, und diese Sprache sei gewiss teuflischen Ursprungs; auch würden die beiden mit Geistern Umgang pflegen, wenn sie allein seien. Doch kein Dorfbewohner wurde je mit einem Fluch belegt. Keiner konnte einen Zauber nachweisen. Nicht einmal eine verwilderte Katze huschte über die Schwelle des Cottages, die als Weggefährtin hätte gelten können. Was immer die Damen taten, sie taten es allein.

Zuletzt ging das Gerücht um, eine von ihnen sei gestorben. Die Neugier war zu groß, um unterdrückt zu werden, und die nächsten Nachbarn stiegen das Tal hinauf, um nachzusehen, ob das Gerede der Wahrheit entsprach. Zum ersten Mal handelte es sich bei einem Gerücht nicht um eine Lüge. Die Nachbarn drangen in das Häuschen ein und fanden eine der beiden Damen weinend am Bett der Freundin. Die Freundin war tot. Wie lange sie krank gewesen war, wie lange sie schon tot dort gelegen hatte, vermochte niemand herauszufinden. Die Überlebende gab keine Informationen preis, beantwortete keine Fragen, sie blickte nicht einmal auf, als die Fragesteller sich um ihrer selbst willen an sie wandten, damit sie ihnen sagen könnte, was sie wusste, oder ihnen wenigstens ein paar Anweisungen geben bezüglich des Begräbnisses. Nur Schweigen und stilles Weinen. Schließlich wurde zwischen den Dorfbewohnern abgesprochen, dass die Leiche vom Bett gehoben und aus dem Cottage getragen und dann nach dem üblichen christlichen Ritus begraben werden sollte. Diese Tat würde die Weinende gewiss von ihrem Stuhl neben dem Bett aufscheuchen. Doch diese zeigte keinerlei Reaktion. Sie ließ zu, dass sie die Leiche ihrer Freundin mitnahmen. Allmählich wurde es dunkel, und niemand wollte mehr bleiben, deshalb ließen sie die Hinterbliebene auf ihrem Stuhl sitzen und dachten, dass der Morgen sie vielleicht zur Vernunft bringen würde und sie ins Dorf hinunterkäme, entweder, um sich zu informieren oder um etwas zu essen.

Tage vergingen, und noch immer verließ sie das Cottage nicht. Die Menschen warteten im Tal und meinten, dass sie vielleicht doch noch irgendwann kommen würde. Sie schlichen sich ans Fenster und spähten hinein. Die Dame hatte sich nicht von der Stelle gerührt. Sie dachten, dass sie vielleicht kein Essen brauchte, sondern auf mysteriösen

Wegen von Mächten aus dem Jenseits versorgt würde, und falls sie gestört würde, würde Unglück über sie alle hereinbrechen.

Eines Morgens schaute ein Kind, das mutiger war als die Älteren, durch das Fenster und sah, dass die Dame noch unbewegter dasaß als sonst, und dass ihre Hand steif neben dem Stuhl herabhing und das Taschentuch, das sie immer in der Hand gehalten hatte, auf dem Boden lag. Das Kind rannte nach Hause und berichtete, was es gesehen hatte. Erneut stiegen die Nachbarn das Tal hinauf zu dem Cottage und traten ein. Sie fanden die Überlebende der beiden Freundinnen kalt und steif mit weit geöffneten Augen auf ihrem Stuhl; ihr Körper war zum Skelett abgemagert. Sie nahmen sie mit und begruben sie, wie sie ihre Freundin begraben hatten, und weder damals noch heute kannte jemand die Geschichte der beiden Damen von St. Nectan's Glen.

Es handelte sich kaum um eine Geschichte für einen nassen Winterspaziergang, wenn ein verstauchter Knöchel dem Wanderer zum Verhängnis werden kann und nur die Bäume als Deckung dienen. Inzwischen klingen die Geräusche des Wasserfalls laut und klar und bringen die Gedanken zum Verstummen. Nach einigem Klettern und Rutschen – bei jedem Schritt blickt man dem Tod ins Auge – kommt der Sturzbach in Sicht und ist ebenso kalt und abweisend wie der andere Wasserfall in Rocky Valley; doch während Letzterer eilig dahinfließt, um ins Meer zu gelangen, strömt dieses Wasser majestätischer und weiß wie ein Gottesbart vorbei, und rauscht ungestört in die Tiefe von St. Nectan's Kieve.

Von den vorspringenden Felsen über uns ertönt eine Stimme und ruft: »Keine Fotos ohne Genehmigung!« Der Heilige in Person? Haben sich unsere schlimmsten Befürchtungen bewahrheitet und diesen Geist heraufbeschworen? Eine Antwort bringt Gewissheit und Erleichterung. St. Nectans Klause, beziehungsweise eher ihr Fundament, ist heute das Zuhause nicht zweier einsamer Damen, sondern eines Ehepaars aus Weston-super-Mare, das das zerfallene Cottage gekauft und wieder aufgebaut hat und den Besuchern im Sommer die Wasserfälle zeigt. Tee wird angeboten und dankbar angenommen, Höflichkeiten werden ausgetauscht. Der Mann verschwindet, um die Küche neu zu streichen, die Frau informiert den Wanderer, dass sie übersinnliche Fähigkeiten besitzt. Um Mitternacht höre man ein Klopfen. Bei Vollmond das Echo von Schritten. Dann ist die Geschichte von den beiden Freundinnen also wirklich wahr? Ja, aber eine andere Version, die für die Touristen anscheinend besser passt, die den Wunsch hegen, das Wasser in St. Nectan's Kieve fließen zu sehen. Bei den Damen handelte es sich um St. Nectans Schwestern, die für ihn sorgten. Alle drei sind in dem Becken unter dem Wasserfall begraben. Nein, die Knochen wurden nie gefunden; nichtsdestotrotz wird behauptet, sie hätten unter den Steinplatten ihre letzte Ruhe gefunden.

Der ernüchterte Wanderer zieht die Version vor, die Wilkie Collins vorgetragen wurde, als er 1850 das Tal hinaufstieg, und auch Mr. White aus London, der es ihm 1854 gleichtat. Die Geschichte, wie sie ihnen geschildert wurde, war nicht älter als ein halbes Jahrhundert. Damals hatten die Damen noch keine Verbindung zu dem mythischen Heiligen. Sie waren Exzentrikerinnen, die aus keinem anderen Grund die Einsamkeit suchten, als dass es ihnen so gefiel.

Und es warten noch weitere Enttäuschungen. Es gibt keinen Grund, auf versagenden Beinen durch das Tal zurückzuwandern. Nicht einmal die Notwendigkeit, durch die bewaldete Schlucht bis zu den Wasserfällen hinaufzuklettern. Ein Weg führt von dem Cottage aus durch die Felder und über einen Zauntritt zur Hauptstraße. Er nimmt fünf Minuten in Anspruch. Wahrscheinlich gingen die beiden ungewöhnlichen Damen hier zu ihrem wöchentlichen Einkauf nach Bossiney und haben nie das Tal durchquert. Die Desillusionierung ist vollkommen, aber der Glaube an die Exzentrik bleibt bestehen.

Keine Zweifel gibt es an der Identität Daniel Gumbs, eines Steinmetzes, der dicht am östlichen Rand von Bodmin Moor in der Pfarrei Lezant im Hundred East Wivel geboren wurde. Er hatte eine Leidenschaft für Mathematik und Astronomie, und nachdem er sich von seinen Mitmenschen und den Konventionen eines gewöhnlichen Lebens losgesagt hatte, begann er eine neue Existenz unweit einer großartigen Formation namens Cheesewring. Dort höhlte er eine Felsspalte aus und erweiterte sie in die Tiefe, sodass sie mit einem darüberliegenden Felsblock eine Höhle bildete. Sie war groß genug, um ihn, seine Frau und seine Kinder aufzunehmen, wenn sie sich seitlich ins Innere rollten. Sowohl er als auch seine Familie verließen diese Höhle nie wieder.

Menschen, die ihr Leben fern von ihren Mitmenschen verbringen oder besonders bestattet werden wollen, neigen dazu, sinnlose Bauten zu errichten. Einer dieser Menschen war Sir James Tillie, der bis zu seinem Tod 1712 an den Ufern des Tamar auf Schloss Pentillie lebte. Er baute sich nördlich des Schlosses einen Turm namens Mount Ararat und hinterließ in seinem Testament die Anweisung, dass er nach seinem Tod dort begraben sein wollte. Sein Körper sollte mit Eisen an einem Stuhl befestigt werden, er sollte seine besten Kleider tragen, die Perücke und einen Hut, und neben ihm sollte eine Eichentruhe mit all seinen Büchern und Papieren stehen, denn innerhalb von zwei Jahren werde er auferstehen und nach Schloss Pentillie zurückkehren. Den Anweisungen wurde Folge geleistet, doch leider war Sir James' Leiche nach zwei Jahren von Würmern zerfressen, sein Skelett vom Stuhl gefallen, und Perücke und Kleidung waren vermodert. Seine sterblichen Überreste ruhen heute im Turm sind, bedauerlicherweise aber nicht zu sehen, sondern in einem Sarg.

Hochwürden Hawker aus Morwenstow in Stratton, der für seine Anstrengungen berühmt wurde, das Leben Schiffbrüchiger zu retten, von denen viele auf seinem Friedhof in mit Galionsfiguren geschmückten Gräbern ihre letzte Ruhe gefunden haben, kann fairerweise nicht als Exzentriker bezeichnet werden: Andere Pfarrer, die unserer Zeit näher waren, verdienen diese Bezeichnung weitaus mehr. Wenn ein Pfarrer verschroben ist, dann gründlich, ganz besonders, wenn er in Cornwall lebt; tatsächlich kann man behaupten, dass er dann aufs Ganze geht. Ob der Grund dafür im Klima zu suchen ist, das ihm in die Knochen fährt, oder dass die Methodisten ihm noch bis vor Kurzem seine Herde entfremdeten und ihm so mehr Zeit verschafften, allein mit dem Allmächtigen Zwiesprache zu halten, ist schwer zu sagen. Die Abgeschiedenheit richtet in religiösen Menschen Seltsames an.

Vor einigen Jahren gab es in einer Gemeinde am Fluss Fal einen Pfarrer mit der Marotte, tagsüber zu schlafen und nachts seinen Pfarrkindern einen Besuch abzustatten. Das verursachte große Aufregung bei all denen, die vom Läuten der Hausglocke aus tiefem Schlaf gerissen wurden, oder weil jemand laut an die Tür klopfte; voller Furcht vor Dieben stiegen sie die Treppe hinunter, um dort einen höflich lächelnden Pfarrer vorzufinden, der auf ein Plauderstündchen und eine Tasse Tee vorbeikam. Der Pfarrer war unverheiratet und lebte mit seiner Schwester zusammen, die ihn auf seinen nächtlichen Streifzügen begleitete; sein größter Trost bestand jedoch darin, nach Mitternacht in der Kirche die Orgel zu spielen, und Dorfbewohner, die zu dieser Stunde zufällig unterwegs waren, hörten aus der Kirche laute Musik. Falls sie den Mut aufbrachten, in die Kirche hineinzuschauen, erhaschten sie einen Blick auf den Pfarrer höchstselbst, der an der Orgel saß und sich prächtigen Melodien hingab, während die Schwester schlafend auf einer Kirchenbank kauerte.

Zumindest war dieser Pfarrer glücklich und hatte eine Schwester, die ihm Gesellschaft leistete. Ein anderer Pfarrer weiter im Norden war Witwer und hatte zwei kleine Töchter, und da sein Pfarrhaus neben ein paar landwirtschaftlichen Gebäuden stand, die seiner Aufsicht unterstanden, meinte er, es sei das Beste, die Kinder zu den Hähnen und Hühnern in die Scheune zu sperren, wenn er nicht zu Hause war; dort konnte ihnen nichts passieren, während er sich um die Pfarrgeschäfte kümmerte, und sie hatten das Geflügel zur Gesellschaft. Die Idee, die sich theoretisch vielleicht noch vernünftig anhören mochte, versagte in der Praxis, denn von ihren eigenen Nachkommen einmal abgesehen, sind Hühner armselige Lehrer, und die kleinen Mädchen wuchsen zu jungen Mädchen heran und wussten wenig oder nichts über das Leben außerhalb der Scheune. Als die Art ihrer Unterbringung schließlich entdeckt und andere Vorkehrungen getroffen wurden, waren sie schlecht oder zumindest mangelhaft auf die Welt vorbereitet und betrachteten ihre Umgebung mit verwirrten Augen.

Hochwürden Densham war jedoch Cornwalls exzentrischster und gleichzeitig einsamster Pfarrer. Er stammte nicht von der Halbinsel, sondern trat seine Pfarrstelle in

Warleggan in den zwanziger Jahren des 19. Jahrhunderts an. Über Warleggan, das isoliert und abgeschieden in West Wivel im südöstlichen Teil von Bodmin-Moor gelegen ist, war hundert Jahre zuvor, 1818, ein Unglück hereingebrochen, als bei einem Gewitter der Blitz in den Kirchturm fuhr und ihn zerstörte. Der Sekretär, der damals gerade über den Kirchhof ging, entkam mit knapper Not den herabstürzenden Steinen. Für abergläubische Menschen mochte dies als Omen gelten für den Zorn Gottes, der sich gegen die Pfarrei richtete. Falls es so war, dauerte es über hundert Jahre, bis dieser Zorn erneut zuschlug, und dieses Mal auf weit heimtückischere Art und Weise.

Von Hochwürden Densham hörte ich zum ersten Mal von einer Freundin aus Fowey, dieselbe, mit der ich bei Land's End gezeltet hatte. Sie erzählte mir, ein Pfarrer habe an einem Sonntag zum Tee in ihrem Elternhaus einen Amtsbruder mitgebracht, der soeben eine Pfründe auf dem Moor angetreten hatte. Dieser Pfarrer sei recht gewinnend gewesen, sogar redselig, allerdings habe er auf sie ein wenig seltsam gewirkt. »In welcher Weise?«, wollte ich wissen und fragte mich, ob auch dieser Pfarrer um Mitternacht seine Schäfchen besuchte. »Er bat mich«, sagte sie, »ihm einen Gärtner zu nennen, der bei ihm im Haus wohnen würde.« Er war Junggeselle, und wen auch immer er beschäftigen würde, erhielte für seine Dienste jährlich einen Penny und so viele Kartoffeln, wie er wollte.

»Ich sagte ihm«, erzählte meine Freundin, die ein äußerst höflicher Mensch ist, »dass Gärtner schwer zu finden seien und dass der Lohn, den er vorschlage, vielleicht etwas niedrig sei.«

Hier endete die Sache damals. Der Pfarrer kehrte ohne einen Gärtner in seine Gemeinde zurück, und wie es schien, fand er auch dort keinen, der gewillt gewesen wäre, unter solchen Bedingungen in seinen Dienst zu treten. Monate vergingen, und meiner Freundin kamen von Zeit zu Zeit Gerüchte zu Ohren, dass in Warleggan nicht alles zum Besten stand; die Gemeindemitglieder waren mit ihrem Pfarrer nicht glücklich. Man sagte, er habe lange Jahre im Ausland verbracht und scheine die hiesige Lebensweise nicht gewohnt zu sein. Die kümmerliche Gemeinde, die aufgrund ihrer abgeschiedenen Lage ohnehin nie groß gewesen war, war nicht nach seinem Geschmack, und um die Ränge zu füllen, stellte er in den Kirchenbänken Holz- und Kartonbildnisse auf.

Trotz seines Wunsches nach einer gut gefüllten Kirche ging der Pfarrer nie ins Dorf oder besuchte seine Herde. An der Zufahrt zum Haus brachte er am Gartentor eine Kiste an, in die die Post sowie sämtlicher Proviant hineingelegt werden sollten, und verweigerte damit jedem Ankömmling den Zutritt. Um das Grundstück errichtete er einen über zwei Meter hohen, stacheldrahtbewehrten Zaun und lebte dahinter wie unter einer Belagerung; zu seinem größeren Schutz schaffte er außerdem ein halbes Dutzend großer, bissiger Hunde an, hauptsächlich Schäferhunde, die sich beim ersten sich nahenden Schritt wie ein Wolfsrudel knurrend gegen den Zaun warfen.

Die Gemeindemitglieder waren vor Angst beinahe außer sich und protestierten beim Bischof. Da der Pfarrer mit seinem Tun kein Kirchenrecht verletzte, hatten seine kirchlichen Vorgesetzten nichts in der Hand, um ihn von der Pfarrstelle zu entfernen. Er hielt jeden Sonntag den Gottesdienst ab, obwohl außer den Kartonbildnissen inzwischen niemand mehr daran teilnahm, und dank dieser strikten Pflichterfüllung muss man ihn trotz allem als einen gottesfürchtigen Mann betrachten.

Eines Tages suchte er einen Organisten, und der nichtsahnende Besucher, der nach Einbruch der Dunkelheit eintraf und ins Pfarrhaus geführt wurde, stellte überrascht und bestürzt fest, dass das Haus beinahe leer war. In dem Schlafzimmer, in das er gestoßen und dessen Tür von außen hinter ihm verriegelt wurde, standen lediglich ein paar Packkisten an den Wänden, und ein paar Säcke lagen auf dem Fußboden. Von der Flucht des glücklosen Organisten gibt es zwei Versionen. Die eine lautet, dass der Pfarrer ihn zunächst zweimal in die Kirche führte und jeden Gottesdienst feierte, der im Gebetbuch stand, und ihm danach Corned Beef und einen halben Laib Brot servierte; die andere, dass er mitten in der ersten Nacht durch sein Schlafzimmerfenster entkam, es mutig mit den Schäferhunden aufnahm und über das Moor nach Bodmin floh. Welche der beiden Versionen auch immer zutreffen mag, der Organist war innerhalb von zwölf Stunden auf Nimmerwiedersehen verschwunden.

Als uns diese Geschichte zu Ohren kam, beschlossen meine Freundin und ich, uns zum Jamaica Inn auf Bodmin Moor aufzumachen, das wir beide noch aus unseren Reitertagen kannten, und dem Pfarrer am nächsten Tag von dort aus einen Besuch abzustatten.

Es war eine lange Wanderung an einem für Mitte Mai überraschend heißen Tag, und Warleggan war nicht leicht zu finden. Wir kamen müde und bereits ziemlich verängstigt dort an, denn versehentlich hatten wir unser Mittagessen auf einem Vipernnest zu uns genommen, bis eigentümlich zischende Geräusche uns gerade noch rechtzeitig warnten, dass der Stein bereits besetzt war, bevor die Vipern zum Angriff übergingen. Schon die Kirche in Warleggan machte einen trostlosen Eindruck, das Gras auf dem kleinen Friedhof war ungemäht und vernachlässigt, und es herrschte eine tiefe Stille. Außer dem Pfarrer hatte hier schon jahrelang niemand mehr ein Gebet gesprochen. Unser Mut sank. Wir ließen die Kirche hinter uns und gingen zum Pfarrhaus, das von hohen Bäumen abgeschirmt war, auf denen eine Krähenkolonie nistete und unheilvoll krächzte.

Wir fanden das Eingangstor versperrt und mit Draht verschlossen, die Proviantkiste leer. Wir läuteten kühn die Glocke. Es hatte kaum geklingelt, als acht – meine Begleiterin behauptete später, zehn – riesige Hunde, Wolfs- und Schäferhunde, aus dem Nirgendwo knurrend gegen den Zaun sprangen, die gelben Fänge wütend entblößt. Wie der Organist flohen wir vor Schreck ins Moor und zogen das Vipernnest dem Rudel ausgehungerter Hunde vor. Dort beratschlagten wir, was wir als Nächstes tun wollten. Die Vorsicht siegte über die Abenteuerlust, und wir entschieden uns, den nächsten Versuch mit dem Auto zu unternehmen; allerdings ergab sich erst ungefähr ein Jahr später eine Gelegenheit, es ein zweites Mal mit Warleggan aufzunehmen.

Dieses Mal waren wir zu dritt. Unsere Fahrerin war eine gemeinsame Freundin, eine Schriftstellerin, die die ganze Welt bereist und Alaska durchquert hatte und über mehr Ausdauer verfügte als wir beiden anderen. Leider mochte sie keine Hunde. Denen musste um jeden Preis aus dem Weg gegangen werden. Sie parkte das Auto gut versteckt auf einem Weg in der Nähe, und wir umrundeten den Pfarrhausgarten. Wieder stiegen die unheilvollen Krähen auf und kündigten unsere Anwesenheit an, doch die Hunde blieben ruhig. Vielleicht waren sie verhungert. Der Zaun, der den Garten umgab, wirkte sehr ramponiert, nahezu kaputt.

»Wir steigen weiter hinten über die Hecke«, flüsterte

die Alaska-Reisende. »Vielleicht treffen wir den Pfarrer bei einem Spaziergang im Garten.«

Sie hatte recht. Wir mühten uns die Böschung hinauf und versuchten, ungeachtet des Stacheldrahts, zwischen Dornengestrüpp und Brennnesseln festen Tritt zu finden und kamen schließlich verblüfft wieder zu Atem. Denn tatsächlich, dort war der Pfarrer, kaum ein paar Meter von uns entfernt, und ging auf seinem kleinen Grundstück auf und ab, eine seltsame, unbeschreibliche Gestalt in einer vom Alter grünlich schimmernden schwarzen Soutane, einen schwarzen Schaufelhut auf dem Kopf.

Wir starrten ihn an. Er sah uns nicht. Er ging auf und ab und hing weiß der Himmel was für melancholischen Gedanken und einsamen Grübeleien nach. Plötzlich tat die Expeditionsreisende etwas Verrücktes. Sie zog ihr Taschentuch hervor und begann, wie wild damit in der Luft herumzuwedeln.

»Huhuu!«, rief sie. »Huhuu!«

Der Pfarrer hielt inne. Er hob kurz den Kopf und blickte von rechts nach links und stolzierte dann davon, die Hände auf dem Rücken verschränkt. Knallrot vor Scham, zog ich die Expeditionsreisende von der Hecke zurück. Die Dritte aus unserem Bunde rannte bereits zum Wagen. Dieser Ausflug erwies sich als ebenso schimpflich wie der erste. Wir traten entmutigt den Rückzug an.

Alle diese Ereignisse liegen dreißig Jahre zurück. Wir drei haben uns seither vorgeworfen, uns wie Rowdys aufgeführt zu haben, ohne den Zufahrtsweg zum Haus in unsere Überlegungen einzubeziehen, denn wie wir später feststellten, waren die Hunde nicht mehr da. Der Pfarrer war allein gewesen. Vielleicht hätte er uns empfangen, vielleicht hätte ihm unser Besuch sogar ein wenig gutgetan. Denn alles Weitere ist tragisch. Hochwürden Densham überlebte viele Jahre in Einsamkeit und Stillschweigen. Nachdem auf dem Friedhof keine Spur mehr von ihm zu sehen gewesen und aus dem Schornstein des Pfarrhauses kein Rauch mehr aufgestiegen war, wagten sich eines Tages ein paar Gemeindemitglieder bis zum Haus vor und verschafften sich Einlass. Überall lagen dort Papier und Holzspäne herum, Bodendielen waren herausgerissen und als Feuerholz verwendet worden, und der Pfarrer selbst lag tot auf der Treppe.

Seit damals hat es in Warleggan keinen Pfarrer mehr gegeben, und an den Sonntagen kommt ein Geistlicher aus einer anderen Gemeinde, um den Gottesdienst abzuhalten.

In dem Wunsch, alte Erinnerungen wieder aufleben zu lassen, erzählte ich diese Geschichte letzten Winter meinem Sohn, und wir brachen zu einem letzten Besuch in Warleggan auf. Ob aus Dummheit oder meinem gewöhnlichen Unvermögen, eine Karte zu lesen, Warleggan war noch immer schwer zu finden. Wegweiser zeigten in die falsche Richtung, Nebenstraßen verwandelten sich in unpassierbare Schmutzwege, und die Vorahnung, dass wir auf dem Moor von der Dunkelheit überrascht würden – ein Albtraum, der sich wiederholte, denn das war mir früher tatsächlich einmal passiert –, kehrte mit all ihrem Schrecken zurück.

Als an einem wässrigen Himmel schließlich die Sonne unterging, erblickte ich vor einem nahen Hügel eine Baumgruppe und den Umriss einer Kirche. Vor uns lag Warleggan. Die Kirche stand verlassen und bucklig innerhalb ihrer Mauern und sah noch genauso aus wie vor dreißig Jahren, das hohe Gras stand unberührt. Wir versuchten es an der Tür, doch sie war verschlossen. Wir wandten uns der Zufahrt des Pfarrhauses zu. An der Mauer hingen noch immer Reste des Zauns, doch es gab keine Hindernisse, und das Tor öffnete sich, sobald man es berührte. Der Zufahrtsweg war mit wuchernden Baumschösslingen überwachsen, deren Kronen einander in luftiger Höhe berührten, so dass die überhängenden Zweige eine Art Torweg bildeten. Wir bogen um die Ecke, wo der Weg in einen schmalen Pfad überging. Dort lag das Pfarrhaus, an das ich so oft gedacht hatte und das ich mir so gerne hatte ansehen wollen. Die Wände waren von einem melancholischen Grün, die Fenster dunkel; das Haus strömte die ganze Melancholie eines verlassenen, zerfallenden Ortes aus. Ich erinnerte mich an den Pfarrer, der mit dem Schaufelhut auf dem Kopf in seiner grünlichen Soutane im Garten hinter dem Haus auf und ab gegangen war. Wir sahen uns in der Stille um, bis uns eine Katze erschreckte, die aus dem Gebüsch auf uns zugerannt kam, dann war auf der Zufahrt unmissverständlich das Geräusch eines Wagens zu hören. Mein Sohn schlich sich unbeirrt näher ans Haus, um ein Foto zu machen. Ich nahm alle Selbstsicherheit des unverbesserlichen unbefugten Eindringlings zusammen, der ich war, und marschierte die Zufahrt hinunter.

Unmittelbar vor dem Tor parkte ein Jeep, und ein Mann mit Beret stieg aus. Ich setzte zu einem Strom von Erklärungen an, dass ich Hochwürden Densham früher gekannt hätte, dass ich oft erfolglos versucht hätte, ihn zu besuchen, und dass mein Sohn soeben ein Foto des Pfarrhauses machte. Der Mann mit dem Beret lächelte. Er begleitete mich die Zufahrt wieder hinauf und sagte, dass er das Haus inzwischen gemietet habe, aber seine Frau und seine Familie dort nicht wohnen wollten, deshalb komme er nur von Zeit zu Zeit, um nachzusehen, ob alles in Ordnung sei. Mein Sohn tauchte Entschuldigungen stammelnd aus dem Gebüsch auf.

»Hochwürden Densham«, sagte ich, langsam den Rückzug antretend, »spazierte immer allein hier herum. Ich bin vor vielen, vielen Jahren einmal über die Hecke gestiegen und habe ihn gesehen.«

Der Mann sah zuerst mich an, dann meinen Sohn. »Er spaziert noch immer hier herum«, sagte er leise, »dort hinten, im Garten«, und deutete weiter nach vorne. Das Licht schwand rasch dahin, und die Katze, die wir im Gebüsch aufgescheucht hatten, trat auf den Weg und miaute.

»Ich glaube«, sagte ich zu meinem Sohn, »wir sollten uns auf den Heimweg machen«, und zu unserem Freund mit dem Beret: »Wir haben noch ziemlich weit zu fahren ...«

Er nickte lächelnd und wandte sich in Richtung Haus. Wir gingen bis zu der Stelle, wo der Zufahrtsweg eine Biegung machte und rannten dann, ohne uns abgesprochen zu haben zum Gartentor, an dem Jeep vorbei und den Weg hinunter bis zu der Stelle, wo wir unseren Wagen abgestellt hatten. Erst als wir ihn erreicht hatten, trauten wir uns, einander anzusehen.

Ich blickte über die Schulter zurück auf die Einfahrt, die mittlerweile im Schatten lag. Der Jeep, der vor dem Tor des Pfarrhauses parkte, wirkte wie ein Militärfahrzeug auf Patrouille, und sein Besitzer, der um das Haus herumging und sich irgendwo auf dem Grundstück aufhielt, erinnerte an einen Wachposten; doch wozu? Stand er dort in der Dunkelheit, die miauende Katze zu Füßen, und wartete darauf, dass eine Gestalt in Soutane und Schaufelhut auftauchte, die, wenn sie angerufen wurde, mit auf dem Rücken verschränkten Händen davonstolzierte? Hatte die Exzentrik ein neues Opfer gefordert, und war dieses Mal die Umgebung der Grund?

Wir fuhren in der Dämmerung davon, und als das behagliche Summen des Motors die Stille durchbrach, versammelten sich in den Bäumen über uns zu guter Letzt noch einmal die Krähen und äußerten krächzend ihren Protest.

11
Moore und Tongruben

Der Höhenzug, der sich über ganz Cornwall erstreckt, von der Quelle des Tamar im Hundred Stratton im Norden bis zu dem abschüssigen Landstrich im Südwesten, wo der Hayle, der dort entspringt, Kirrier von Penwith trennt, war einst ein Moorgebiet, vielleicht auch grasbewachsenes Hügelland. Der Autofahrer, dem, wenn er heute dort entlangfährt, wieder in den Sinn kommt, dass er auf dieser Route den Spuren der Packpferde, Maulesel und Ochsen vergangener Jahrhunderte folgt, wird feststellen, dass er sich immer in einer Höhenlage befindet. In den Senken zwischen den Hügeln erstrecken sich bewaldete Täler, die Städte und Dörfer liegen rechts und links der Straße, doch würde man sie wegwischen, wäre das Land mit Buschwerk bewachsenes Moorgebiet.

In Wirklichkeit handelt es sich bei diesem Höhenzug um ein Hochplateau, das dort, wo Cornwall schmaler wird, allmählich abfällt, um hinter der Halbinsel Lizard mit den Goonhilly Downs aufs Neue anzusteigen und breiter zu werden; das Gleiche gilt für das Hochland von West Penwith und die Klaue von Land's End.

Das weitläufigste und ursprünglichste Moorgebiet liegt südlich von Launceston und nördlich von Bodmin und reicht im Osten bis nach Liskeard und im Westen bis hinter Camelford in die Nähe von Tintagel und der Küste. Die Hauptstraße durchschneidet den Dorfkern von Five Lanes; im Sommer reihen sich hier bis zur Küste mit Feriengäste vollbesetzte Autos und Busse aneinander, doch im Winter herrscht auf dieser Straße fast so wenig Verkehr wie in früheren Tagen. Ausgefahrene Wege führen zu abgelegenen Bauernhöfen, deren Bewohner früher außer an Markttagen kaum je ihr Land verließen und von ihren eigenen Erzeugnissen lebten, Schafe und Rinder züchteten und als Brennmaterial Torf stachen. Wanderer, die die Einsamkeit lieben, können auf beiden Seiten der Hauptstraße in alle Richtungen wandern und sich dort verlieren. Kaum ist man eine Meile in offenes Gelände vorgedrungen, findet sich kein Anzeichen menschlicher Behausung mehr, so weit das Auge reicht, nur noch karges braunes Moor, aus dem in der Ferne bedrohliche Felstürme und zerklüftete Felsen aufragen, die bei Regen möglicherweise Schutz bieten, jedoch kaum vor dem Wind, der selbst an stillen Tagen in Spalten und Nischen fährt.

Brown Willy, 420 Meter hoch, und Rough Tor, sein Bruder in der Nähe von Camelford, sind die höchsten Erhebungen und werden in der trockenen Jahreszeit häufig von Wandergruppen bestiegen. Bei klarem Wetter ist die Sicht von dort überwältigend und reicht auf beiden Seiten der Halbinsel über die gesamte Küste, an Kaolin-Pyramiden vorbei bis beinahe nach West Penwith. Der Fluss Fowey entspringt unterhalb von Brown Willy; ursprünglich hieß der ganze Bezirk Fawey Moor. Hier ist der Boden durchgeweicht und unbeständig, manchmal angezeigt durch dunkleres Grün und Grasbüschel mit schilfartigen Stängeln, die dem Unwissenden ebenso fest erscheinen mögen wie in dem nahe gelegenen höheren Gebiet das rauere Tussockgras, bis sie unter dem Gewicht einknicken, zu zittern beginnen und ins aufquellende Wasser sinken. Allerorten wird man Opfer von Täuschungen, denn der Torf, über den man gerade gekommen ist, scheint nicht mehr sicher, sondern zittert ebenfalls, und bei jedem zaghaften Schritt breitet sich Panik aus. Das Geheimnis besteht darin, scheinbar ebene, flache, in Senken gelegene Wiesen zu umgehen, denn dort treffen Bäche, Sümpfe und Marschen aufeinander, die nicht nur für den Wanderer eine Falle darstellen; auch Schafe und Rinder, die von der Herde abkommen, sind dort in nassen Wintern gefangen und verloren; ihre Kadaver werden von schlaueren Füchsen gefressen oder von Habichten und Bussarden abgepickt, bis nur noch der Schädel und die weiß gebleichten Knochen übrig sind.

Das Moor östlich der Hauptstraße, oberhalb der Flüsse Fowey und Whitey Brook, ist sogar noch trügerischer, denn der Wanderer startet guten Mutes auf festem Grund und meint, er müsse nur das Plateau überqueren, um nach ungefähr fünf Meilen zu den bewaldeten Hängen über dem Weiler Trebartha und dem Dorf North Hill zu gelangen. Doch der Wald erweist sich als Fata Morgana. Felsspitzen, bedrohlicher und schroffer als Brown Willy und Rough Tor, türmen sich vor dem Wanderer auf und verhindern ein Durchkommen. Der Instinkt, der bei solchen Gelegenheiten fast immer irrt, sagt ihm, er solle sich nach rechts wenden, wo das Gelände abwärtsführt und er auf seinem Weg erneut innehalten muss, denn auch hier gelangt er wieder an einen Bach, in einen Sumpf, und dem Weg weiter zu folgen, der sich schließlich im Morast verliert, kann nur in die Katastrophe führen. Ich weiß es, denn ich habe es versucht.

Vor langer Zeit ritten eine Freundin und ich – ebenjene, die mich auch nach Land's End und Warleggan begleitet hatte – an einem Novembernachmittag leichtfertig vom Jamaica Inn los, in bestem Glauben und der glücklichen Absicht, eine in der Nähe von North Hill auf Trebartha Hall wohnende ältere Dame zu besuchen. Wir waren der sicheren Meinung, dass es sich um einen nicht mehr als vierzigminütigen Ritt handeln würde; falls wir zum Tee blieben, müssten wir auf dem Rückweg zum Jamaica Inn auf der Straße um das Moor herumreiten. Sorglos trabten wir nicht später als zwei Uhr los, um nach ungefähr einer Stunde festzustellen, dass wir unserem Ziel nicht nennenswert näher gekommen waren. Felstürme und Findlinge, die zu Pferd und vielleicht sogar zu Fuß unpassierbar waren, hinderten uns am Weiterkommen. Der Weg führte abwärts auf einem glitschigen Pfad, der im Nichts endete, und weiter unten bot ein kaputtes, in seinen Angeln schwingendes Tor Zugang zu einem Hochwasser führenden Bach. Der Tag, der bis dahin verhältnismäßig schön gewesen war, verdüsterte sich, und eine schwarze Wolke, die Bänder hinter sich herzog, hing über unseren Köpfen und platzte.

Von einem Augenblick auf den anderen war die Welt trostlos. Der verhängnisvolle Bach strömte noch rascher dahin und verwandelte sich in ein Wildwasser. Wir trieben die Pferde einen steilen Abhang hinauf, um uns vor den sprudelnden Wassermassen in Sicherheit zu bringen und suchten, die Köpfe tief über den Pferdehals gebeugt, überstürzt das Weite. Ein aufgegebenes Cottage, das sich an einen Hügel schmiegte, schien unsere einzige Zuflucht – zumindest bis der Wolkenbruch aufhörte. Wir ritten darauf zu, saßen ab und führten die Pferde hinter das Gebäude. Das Cottage stand nicht nur leer, sondern war auch teilweise eingestürzt, sodass der Regen durch die leeren Fenster peitschte, und was vom Dach noch übrig war, war mit Wellblech geflickt, auf dem die Regenkaskaden sich anhörten wie Hagelschlag. Wir lehnten uns an die pilzbewachsene Wand und überlegten – Trebartha Hall lag in meilenweiter Ferne, ebenso der Jamaica Inn. Unterdessen trommelte unentwegt der Regen auf das Wellblechdach und floss von dort laut plätschernd in eine Wassertonne.

Eine ganze Stunde lang goss es in Strömen, dann wurde der Regen zu Geniesel und nasskaltem Nebel; inzwischen hatte sich unsere Welt eingetrübt, und wir hatten jede Orientierung verloren. Als meine Gefährtin, die eine bessere Reiterin war als ich und die Besitzerin unserer beiden Rösser, aus der Ruine ins Freie trat und sich umsah, stellte sie fest: »Es bleibt uns nichts anderes übrig, als in den Sattel zu steigen und die Zügel locker zu lassen, damit sie uns nach Hause bringen.«

Ihr Vorschlag klang in meinen Ohren wenig überzeugend, denn wo war für die Pferde »zu Hause« – in Fowey, dreißig Meilen oder noch weiter entfernt, oder auf der anderen Seite des Moors im Jamaica Inn? Dunkelheit und Stille umfingen uns, wir saßen wieder auf, und irgendwo zu unserer Rechten hörten wir den Bach rauschen.

Die Pferde, die selbst zwischen verdorrtem Heidekraut und lockerem Geröll einen sicheren Tritt hatten, trotteten ohne zu zögern los. Ein gewisser Trost lag immerhin darin, von dem verlassenen Cottage wieder auf offenes Gelände zu gelangen, so trostlos es auch sein mochte, denn diese Wände hatten keine Geborgenheit ausgestrahlt, keine Erinnerung an Kamine mit glühenden Torffeuern, die in der Vergangenheit von den Besitzern entfacht worden sein mochten. Wer immer dort gelebt hatte, bevor er das Haus dem Zerfall überlassen hatte, war ein mürrischer und vergrämter Mensch gewesen, unter der Knute des Whitey Brook, der vor seiner Tür vorbeifloss. Wahrscheinlich war er in seiner Verzweiflung eines Nachts aus dem Haus gegangen und hatte sich ertränkt. Ich ließ das meine Reisebegleiterin hören, die es nicht komisch fand, besonders da das Geräusch des Baches die Pferde anzuziehen schien. Als wir höher gelegenes Gelände erreichten, sahen wir uns einem neuen Wagnis gegenüber. Offenbar handelte es sich um einen stillgelegten Schienenstrang, auf dem unsere Pferde ausglitten und stolperten. Eine Eisenbahnlinie mitten im Moor. Das konnte nicht sein. Es sei denn, wir waren beide verrückt geworden, und es handelte sich um eine Fata Morgana.

»Lorengleise«, sagte meine Gefährtin, »die zu einem Steinbruch führen. Wenn die Pferde uns dorthin bringen, brechen sie sich die Beine. Wir sitzen besser ab.« Sümpfe, Steinbrüche, Bäche, Felsblöcke, Hölle zu allen Seiten, und so führten wir die Pferde den glitschigen Pfad hinauf und saßen dann wieder auf. Ich erinnerte mich an eine Illustration in einem Buch, das ich vor langer Zeit, als Kind, gelesen hatte, *Sintram und seine Gefährten*; darin hatte ein mutloser Ritter mit dem verkleideten Teufel, der sich ›Der Kleine Herr‹ nannte, eine solche Reise unternommen. Man sah ein zu Tode erschrockenes Ross, das sich vor einem Abgrund aufbäumte. Das würde unser Schicksal sein, und der Kleine Herr würde kommen und uns holen.

Seit wir die Lorengleise hinter uns gelassen hatten, waren die Pferde wieder beherzter und trabten stetig weiter, geradewegs über das Moor, möglicherweise in Richtung der drohenden Felstürme, die wir am frühen Nachmittag gesehen hatten, die wie dunkle Finger in den Himmel zeigten und, wie wir sehr genau wussten, in entgegengesetzter Richtung unseres Heimwegs lagen.

Es wurde sieben, es wurde neun, es wurde Mitternacht – zu dunkel, um unsere Uhren zu lesen, und mit unseren ungeschickten Fingern gelang es uns nicht, die feuchten Streichhölzer anzuzünden. Weiter, immer weiter, und auf allen Seiten nichts als Brache und Moor.

Plötzlich rief meine Gefährtin: »Sie haben es geschafft … sie haben es geschafft … Ist das nicht die Straße?«

Ich spähte in die Dunkelheit und sah vor mir eine Unterbrechung in dem ansteigenden Gelände und etwas Neues, Flaches – und tatsächlich, keine hundert Meter entfernt, die vielgepriesene, streifige Nässe der Straße, die von Launceston nach Bodmin führte, und überraschend, unglaublich, die schlanken Schornsteine des Jamaica Inn.

»Ich habe es dir doch gesagt«, rief die Expertin, »Pferde kennen immer den Weg. Sie finden ihn instinktiv. Schau, die Leute vom Gasthof halten Ausschau nach uns.« Gestalten mit schwankenden Laternen gingen auf der Straße hin und her, und aus der schiefergedeckten Veranda fiel anheimelndes Lampenlicht. Augenblicklich war alle Angst vergessen, hatte nie eine Gefahr bestanden. Es war erst acht Uhr. Der Wirt und seine Frau hatten soeben erst wieder an uns gedacht. Es gab ein Torffeuer, ein Abendessen aus Eiern und Schinken, das mit einer Kanne brühend heißem Tee serviert wurde.

Heute ist alles anders, und wie der Dichter Yeats einst sagte, »ganz anders«. Busse, Autos, elektrisches Licht, eine Bar, Bachforellen zum Abendessen, für den staubigen Reisenden ein Bad statt eines Krugs mit heißem Wasser. Wenn ich mit dem Auto daran vorbeifahre, bin ich ein wenig peinlich berührt, denn aus diesem längst vergangenen Novemberabend entstand ein erfolgreicher Roman, der, wie es mit Fiktion manchmal ist, in die Folklore der Gegend einging. Als Autorin bin ich geschmeichelt, als ehemalige Wandererin betroffen.

Trebartha Hall, wo wir an jenem Nachmittag einen Besuch abstatten wollten, wurde vor einigen Jahren abgerissen, doch die zerklüfteten Felsformationen, die unser Fortkommen zu verhindern schienen, Trewortha Tor, Hawk's Tor, Kilmar Tor, blicken noch immer drohend auf die Landschaft herab. Wenn man sich ihnen von Osten her nähert, sind sie allerdings nicht ganz so furchterregend, und nach einer steilen Anfahrt mit dem Auto und anschließendem kurzen Fußmarsch von North Hill aus leicht zu erreichen. Der Weg, den wir damals nehmen wollten, scheint immer noch riskant zu sein, wenn auch kaum Grund für einen Albtraum, es sei denn, wir hätten tatsächlich versucht, den gefürchteten Whitey Brook und den gefährlichen Sumpf zu überqueren, in den er sich ergießt. Was die Lorengleise angeht, haben eifrige Nachforschungen zu keiner Spur geführt – die Steinbrüche lagen viel weiter südlich und außerhalb unserer Reichweite. Ob wir dem Jamaica Inn näher waren, als wir dachten, oder weiter davon entfernt, werde ich nie herausfinden. Alles, was ich weiß, ist, dass hinter Whitey Brook und zwischen den höchsten Felstürmen das so romantisch klingende Twelve Men's Moor liegt, in dem es vor Granitfindlingen und geborstenen Gesteinsbrocken nur so wimmelt, an denen glucksend der Morast der Sümpfe leckt. Falls es sich dabei um das Gelände handelt, durch das wir im Dunkeln geritten sind, ist mein Gruß an die zwölf Männer überfällig, die es 1248 von Henry, dem Abt von Launceston, gepachtet hatten. Das Land wurde ihnen für einen jährlichen Pachtzins von vier Silber-Shillings überlassen, die am Michaelstag zu entrichten waren, im Gegenzug für Lehnspflicht und Dienstleistungen; die Farmen dieser zwölf Männer lagen weit voneinander entfernt und verfügten auf dem Gelände über das Weiderecht.

Thomas und David von Kelnystok, William Foth, Robert Faber, Jordan Cada, Robert Broda, Walter la Lak, Robert le Legha, Roger Boglawoda, John Can, William von Trewortha, Nicholas Cada – das sind ihre Namen für den Etymologen; Walter la Laks Farm grenzte möglicherweise an einen Bach, und unter dem mittlerweile verlassenen Cottage mit dem Wellblechdach fänden sich dann vielleicht, Fundamente aus dem 13. Jahrhundert. Für die Farmer war das Leben auf dem Moor nie leicht, auch wenn sie für Wolle früher einen gewissen Preis erzielt haben mochten, falls ihre Herden so groß waren, dass es sich lohnte. Sommer wie Winter forderten von den Herden Tribut, und der Farmer musste mehr Mut und Durchhaltevermögen aufbringen als die Landwirte im Tal.

Zu jener Zeit, als die zwölf Männer auf dem Moor lebten, gab es ein paar Meilen weiter westlich eine Kapelle, die als Capella de Temple bekannt war. Sie war im Besitz der Tempelritter aus Jerusalem, die im Namen ihrer Bruderschaft alle Pilger und Fremden unterstützten, die das Grab Jesu im Heiligen Land besuchen wollten. Die Kapelle wurde als Zuflucht für diese Pilger, für Gottesdienste und zur Kontemplation errichtet und war von der Rechtsprechung des Bischofs ausgenommen. Bei den Templern durfte der Pfarrer oder Kurator ohne Aufgebot jeden verheiraten, der ihn darum bat, und da die Kapelle in der Nähe der einzigen Straße stand, die zwischen Launceston und Bodmin über das Moor führte, lag sie günstig für alle, die von diesen Privilegien profitieren wollten. »Verlogene Tunichtgute, von der Rechtsprechung des Bischofs ausgenommen; hier werden jedes Jahr viele schlechte Eheverträge gesponnen, und von ihrem Mann getrennte Frauen werden mit ihren Säuglingen gebracht, um hier zu stillen«, schrieb der Chronist Tonkin.

Zwischen dem Tempelorden und dem Twelve Men's Moor überraschte den Reisenden in der Vergangenheit (oder den Autofahrer heute, denn eine Straße führt dicht daran vorbei) ein großer Binnensee von ungefähr einer Meile Umfang, der sich in einer flachen Mulde zwischen den Hügeln erstreckt. Es handelt sich um Dozmare Pool. Früher glaubten die Menschen, er habe keinen Grund, denn eine Sage spann sich darum, dass dies der Ort sei, wo Bedivere das Schwert Excalibur von sich geschleudert hatte. Mitten im See habe eine dreimal winkende Hand es ergriffen, es am Griff gepackt und sich dann wieder in die unergründliche Tiefe zurückgezogen. Ein heidnischer Mythos, noch älter als die Artussage, spricht von einem riesenhaften Stammesfürsten, der in der Nähe seine Jagdgründe hatte und seine Töchter aufforderte, in der Hochzeitsnacht ihre Männer zu töten. Die Götter missbilligten diesen Befehl und verdammten ihn für alle Ewigkeit dazu, mit einem Schneckengehäuse das Wasser aus dem See zu schöpfen. Mit der Zeit übertrug die Überlieferung diese Strafe auf einen realen Menschen, auf John Tregeagle, der im 17. Jahrhundert als Verwalter Lord Robartes von Lanhydrock bei sämtlichen Pächtern verhasst war. Die Geschichte verbreitete sich, wurde ausgeschmückt und verwandelte den See für alle Zeit in einen Ort unangenehmer Erinnerungen.

Der Dozmare weist zahlreiche Stimmungen auf. An einem Sommertag ist er still und klar und lockt Kanuten an, doch sobald die leiseste Brise die Oberfläche kräuselt, wechselt seine Farbe zu Schiefergrau, wird bedrohlich und trüb, und kurze Wellen schlagen an das Ufer aus braunen Kieseln und torfhaltigem Schlick. Dann vergessen wir, dass er nur eineinhalb Meter tief ist, und halten Ausschau nach der Hand, die durch die Wasserfläche stößt und nach Excalibur greift, oder horchen auf den dünnen Klang aus dem Jagdhorn eines Dämonen, das die Hunde zur Jagd ruft, um, so heißt es in der Sage, sechzehn Meilen weiter westlich, auf der anderen Seite des Moors bei Roche, die Verfolgung des riesenhaften Stammesfürsten aufzunehmen.

Auf diesem Hochplateau, das das White Moor und die

Hensbarrow Downs umfasst und im Osten bis Luxulyan und St. Austell, im Westen bis Goss Moor und Indian Queens reicht, begann ein gewisser William Cookworthy, ein Quäker aus Plymouth, mit der Porzellanerden-Gewinnung. Hier fanden viele der Tinner, die ohne Arbeit in eine Notlage geraten waren, wieder Arbeit. Heute, in den sechziger Jahren des 20. Jahrhunderts, ist dies Cornwalls bedeutendster Industriezweig und wurde am 26. Juli 1966 mit dem Queen's Award ausgezeichnet.

»Porzellanerde«, informierte Mr. Blacks Reiseführer im 19. Jahrhundert seine Leser, »ist eine Art feuchter Granit – das heißt, das Gestein, das zuvor so fest und hart war, wurde durch Verwitterung in eine weiche, klebrige Masse verwandelt, Mörtel nicht unähnlich, und nachdem diese Masse von Glimmer, Schörl oder Quarz gereinigt ist, eignet sie sich auf bewundernswerte Weise zur Herstellung besten Steinzeugs. Sie ist mit dem chinesischen Kaolin beziehungsweise der chinesischen Porzellanerde identisch. Sie wird auf abschüssigen Flächen in Erzkammern oder Lagen aufgeschichtet, dann wird ein Wasserstrahl darübergeleitet, der die feineren und reineren Anteile fortnimmt und sie in einem großen Reservoir ablagert, während die gröberen Rückstände in den in Abständen platzierten Gruben aufgefangen werden. Aus diesem Reservoir wird später das Wasser abgelassen, der Kaolin in Mulden geschöpft und dort einer modernen Trockenmaschine ausgesetzt, um ihm sorgfältig jede Feuchtigkeit zu entziehen, schließlich wird er sauber in Fässer verpackt und zum Verschiffen an die Küste transportiert.«

Heute ist dieser Prozess komplizierter. Mechanische Bagger, Hydraulikpumpen, Separatoren, Verfeinerer werden in den diversen Stadien eingesetzt, um kaolinisierten Granit in soliden Ton zu verwandeln, der außer für die Steinzeugherstellung zu vielen anderen Zwecken verwendet wird. Das betreffende Gebiet, das ungefähr fünfundzwanzig Hektar misst, ist eine eigene Welt, die ebenso eindeutig individuelle Charakterzüge aufweist wie die Zinn- und Kupfergebiete früherer Jahrhunderte. Bugle, Stenalees, Foxhole, Nanpean, Treviscoe, St. Stephen's-in-Brannel, St. Dennis waren einst weit verstreute Dörfer oder Weiler, die sich allein dank des Kaolins entwickelten, denn der Großteil der Arbeiter lebte dort.

Bei diesen Männern handelt es sich um Spezialisten, die, in zweiter oder dritter Generation, von Geburt an dazu angeleitet werden, mit dem Kaolin zu arbeiten, und wie einst bei den Tinnern, herrscht auch unter ihnen Solidarität. Kaolin wird wie Zinn aus Gestein gewonnen, aus Granit, und ungeachtet der mechanischen oder elektrischen Kraft und der heutigen Methoden, steckt in diesen Männern der Geist der alten Tinner, die lange vor ihrer Zeit schon Granit zerkleinerten und zerstampften. Es ist ihr Kaolin, ihr Gewerbe; Streitigkeiten zwischen dem Management und den Männern sind selten, kommen beinahe nie vor, die betreffenden Firmen, die »English China Clays« sind den anderen Industriezweigen ein leuchtendes Beispiel.

Für den Laien und den Wanderer, die zufällig oder absichtlich ein Kaolingebiet besuchen, ist jedoch hauptsächlich die fremdartige, beinahe phantastische Schönheit der Landschaft von Interesse. Pyramidenförmige Abraumhalden ragen in den Himmel, an ihrem Fuß tun sich große, offene Steinbrüche auf, darin Gruben mit eisgrünem Wasser wie arktische Seen. Im Allgemeinen sind die Pyramiden dort am höchsten und die Gruben am tiefsten, wo das Gelände nicht mehr genutzt wird; auf der bimssteinartigen Oberfläche der Abraumhalden sprießen Grassamen und sogar Stechginster, und das Wasser in den Gruben, die viel tiefer sind als der Dozmare, sammelt sich dort, weil der Kaolin abgesaugt wurde und die Arbeit auf frischem Grund von Neuem beginnt.

Diese Lehmhalden mit den Seen und den aufgelassenen Steinbrüchen weisen die gleiche Großartigkeit auf wie verfallene Zinnminen, wenn auch in einem ursprünglicheren, magischeren Sinn, denn bei ihnen handelt es sich nicht um Wächter aus Stein oder Ziegel, die errichtet wurden, um Maschinen zu beherbergen, sondern um Berge aus der steinigen Erde selbst, und die von Menschenhand geschaffenen Seen werden durch einsickerndes Wasser aus unterirdischen Quellen und den Winterregen zusätzlich gespeist. Möglicherweise gibt es in der Nähe Produktionsstätten, wo noch gearbeitet wird, wo Kräne herumschwenken und Förderloren zur Spitze der Abraumhalde hinauffahren, die aus der Ferne klein wirken wie Kinderspielzeug, bevor sie dort oben entladen werden und nach unten zurückkehren, wo durch die Tore zur Straße Lastwagen ein und aus fahren und das Gelände mit Stacheldraht und GEFAHR-Schildern abgeriegelt ist; doch die aufgegebenen Pyramiden und Seen wirken von den nahen Produktionsstätten so weit entrückt wie ein einsamer Felszahn mitten im Moor.

Überall in diesem Brachland haben sich Wildpflanzen ausgebreitet, Samen wachsen zu namenlosen Pflanzen heran, Zugvögel aus dem Moor streichen über die Seen oder baden am Wassersaum. Auf dem Weg ins Landesinnere gleiten Möwen über die Wasseroberfläche. Hier gibt es keine Hässlichkeit. Die kornischen Bewohner ringen dem Granit wie schon seit unzähligen Generationen ihren Lebensunterhalt ab und überlassen es der Natur, das Gelände wieder zurückzuerobern, was diese, Verschwenderin, die sie ist, freigebig, unbekümmert und mit Anmut tut.

Der höchste Punkt in dieser Mondlandschaft ist der 312 Meter hohe Henbarrow Beacon, von dem aus man die gesamte, phantastische, sich verjüngende Hügelkette überblickt, die sich im Westen bis nach St. Dennis und Nanpean, beziehungsweise in unzähligen Haufen fächerartig von Nord nach Süd erstreckt. Neben diesem Aussichtshügel befinden sich frühzeitliche Hügelgräber aus prähistorischer Zeit. Der Henbarrow Beacon war einmal Standort eines Wachhauses, wie es sie auch auf anderen Anhöhen gibt, in dem ein Mann postiert war, um zu Land und zu Wasser nach anrückenden Feinden Ausschau zu halten, und falls er welche entdeckte, ein Feuer anzuzünden und seine Mitmenschen zu warnen.

Ein Fremder, der sich heute dorthin begibt oder direkt zwischen die Schlacken, den Schiefer und die weißen Halden zu beiden Seiten, würde sich tausend Meilen weit von Cornwall entfernt wähnen, vielleicht in den Canyons von Colorado oder in einem Vulkankrater auf dem Mond. Der Orientierungssinn versagt in Bodmin Moor, und obwohl die gewaltige Fläche von Straßen durchkreuzt wird und Straßenschilder die Richtung weisen, verführt ein seltsamer Instinkt den unbekümmerten Autofahrer oder Wanderer dazu, sich im Kreis zu bewegen; die Abraumhalden und Grubenseen gleichen einander, und es gibt scheinbar keinen Ausweg, keinen Fluchtweg aus dieser phantastischen Welt. Bäche fließen milchweiß von der Wasserscheide herab, doch mancher davon mündet lediglich in einen der Seen, und die Suche nach einer Straße, an der nicht ein an Drähten befestigtes Gefahrenschild hängt, muss aufs Neue beginnen. Schließlich löst das Rätsel ein mit Lehmklumpen beladener Lastwagen, der schnell Richtung Osten fährt. Ihm einfach blind zu folgen, egal wohin; dank einer glücklichen Fügung führt die Straße hügelabwärts, nicht zu einer Grube, sondern zu ein paar verstreuten Cottages, die auf menschliches Leben hinweisen, bis die Straße nach mehreren Kurven und Biegungen vertrautes Terrain erreicht, die grauen Dächer der kaum zwei Meilen entfernten Stadt St. Austell.

Die Männer in der Kaolingewinnung sind wie jene im Zinnabbau Individualisten mit eigenen Traditionen, doch bei einem Gewerbe, das so rasch mechanisiert wird und stetig wächst, ist es leider unwahrscheinlich, dass es Sagen oder Mythen stiftet. Keine »Knacker«, die von den Pyramiden locken, kein Wassergeist, der in einem tiefen See lauert. Und falls es doch so ist, hat der Uneingeweihte noch nie von ihnen gehört. Eine Abgeschiedenheit, in der Angst und Mysterien gedeihen, gibt es nicht mehr.

Dass anderswo auf der Welt in größeren Mengen Porzellanerde gefunden wird und der kornische Markt einen Tiefstand erreicht, wie es vor einem Jahrhundert beim Zinnabbau der Fall war, ist immer möglich – es ist ein Spiel, auf das sich die, die danach graben, einlassen müssen. Die Folgen für die Kaolinarbeiter wären katastrophal, genau wie damals für ihre Vorfahren. Das Land zwischen Bugle und Indian Queens, weiß, vernarbt und mit hohen, kahlen Hügelkuppen, wäre für ein neues Abenteuer wenig geeignet, denn wie es in der *Kirchengeschichte von St. Dennis* heißt: »Es erstreckt sich auf einer kahlen Erhebung, umgeben von unheilverkündenden, verstreuten Felsblöcken in verschiedenen, gewaltigen Formen und Größen, die über der Oberfläche zu sehen sind und kaum etwas anderem Schutz und Nahrung bieten als Schafen, Kaninchen, Hasen, Ziegen und Pferden.« Und mehr noch: »1664 regnete es eines Nachts auf einer Fläche von ungefähr einem Acre

Blut auf diese Steine, die Tropfen waren so groß wie ein Shilling Sterling, und dieses Blut war noch viele Jahre später auf den Steinen zu sehen, und auch auf solchen, die von dort weggetragen und getrocknet wurden, waren die karmesinroten Blutstropfen noch zwanzig Jahre später sichtbar. Nach diesem Blutschauer brach die Große Pest, brachen die holländischen und französischen Kriege und das Feuer von London aus.«

Heute, dreihundert Jahre später, glauben die Menschen nicht mehr, dass die Natur sie vor bevorstehenden Katastrophen warnt. Doch wer weiß? Große Unglücke ereignen sich in Zyklen, und eines Tages mag der Himmel es auf St. Dennis und Nanpean wieder Blut regnen lassen. Bis zu diesem Tag werden die Kaolinarbeiter weiter sprengen und graben, und die Wanderer werden fasziniert sein von der fremdartigen weißen Welt der Pyramiden und Seen.

12
Das Erbe der Brontës

Die drei Schwestern Charlotte, Emily und Anne Brontë wurden in Yorkshire geboren und wuchsen dort auf. Ihre Romane wurden berühmt: *Jane Eyre* und *Sturmhöhe* sind Klassiker der englischen Literatur. Die Menschen in Yorkshire sind zu Recht stolz auf diese drei Schwestern und behaupten, Kindheit und Jugend in einem einsamen Moorgebiet und ohne nennnswerte Einflüsse von außen hätte ihre Phantasie beflügelt und sie zu Romanschriftstellerinnen gemacht. Den Hintergrund bilden Haworth und die Moore von Yorkshire, und die Geschichten, die ihnen als Kinder zu Ohren kamen und die ihr Verlangen nach allem, was originell und fremdartig war, befriedigten, waren lokale Geschichten, Historisches und Volkstümliches, erzählt von Tabby, der treuen Dienstmagd, die für sie kochte und für sie sorgte.

Ihr Vater, Hochwürden Patrick Brontë, war Ire aus County Down, ihre Mutter, Maria Branwell, stammte aus Penzance in Cornwall. Die Umgebung kann einiges dazu beitragen, um aus einem Kind einen Schriftsteller oder Künstler werden zu lassen, doch Voraussetzung ist ein erblich bedingtes Samenkorn, eine gewisse Phantasie, die dann fruchtbar gemacht, gehegt und aus derselben Quelle genährt werden muss.

Jedes Jahr reisen Tausende von Besuchern nach Yorkshire ins Haworth Parsonage Museum und spazieren durch das Haus, wo die Kinder ihre ersten Geschichten und später ihre berühmten Romane schrieben. Die Besucher blicken von den Fenstern auf den Friedhof mit den vielen Gräbern und erinnern sich an die Geschichte der Brontës:

dass der Vater der Kinder in der Gemeinde Haworth Pfarrer war, dass ihre Mutter starb, als sie noch klein waren, und die Schwester ihrer Mutter, Elizabeth Branwell, ihren Platz einnahm und sich um den Haushalt kümmerte. Ihr wurde nachgesagt, dass sie das Klima in Yorkshire nicht mochte und ihrer Heimatstadt nachtrauerte, dennoch lebte sie bis zu ihrem Tod 1842 einundzwanzig Jahre lang in Haworth und widmete ihr Leben ihrem Schwager und seinen mutterlosen Kindern.

Die vier Kinder, Charlotte, Emily, Anne und der Bruder Branwell, hatten eine kornische Mutter, an die sie sich kaum erinnerten, und eine kornische Tante, die sie in ihren wichtigsten Entwicklungsjahren anleitete. Dieses Erbe spielte bei der Entwicklung ihrer späteren Begabung zweifellos eine Rolle. Auch wenn Emily Brontë und *Sturmhöhe* für alle Zeit mit den Mooren Yorkshires in Verbindung gebracht werden, darf nicht vergessen werden, dass sowohl ihre Mutter als auch die Tante umgeben von der ursprünglichen Moorlandschaft, den Geschichten und Sagen West Penwiths aufgewachsen waren.

Elizabeth Branwell, geboren 1776, und ihre Schwester Maria, geboren 1783, waren zwei der elf Kinder Thomas Branwells, eines wohlhabenden Kaufmanns und Zunftherrn. Er hatte Besitz in Penzance und in der Umgebung und war hochgeachtet. Seine Kinder wuchsen in einem Haus mit Blick auf Mount's Bay und St. Michael's Mount auf, doch später zog er in die höher gelegene Chapel Street Nummer 25, in die Nähe der Kirche oder Kapelle St. Mary, die später, nach ihrem Wiederaufbau 1834, zur Pfarrkirche von Penzance wurde.

Penzance war Ende des 18. Jahrhunderts nicht nur ein geschäftiger Marktflecken, sondern hatte auch einen florierenden Hafen und war eine der Städte, in denen Zinn geprägt wurde. Die alte Stadt war 1595 von den Spaniern geplündert und in Asche gelegt worden, und in der neuen Stadt, die an ihrer Stelle emporwuchs, gab es zahlreiche ansehnliche Stein- und Ziegelhäuser und eine schöne Hauptstraße, die vom Hafen zu dem auf halber Höhe des Hügels gelegenen Marktplatz führte. In Elizabeth und Maria Branwells Jugend waren Markttage eine fröhliche Angelegenheit. Das Marktgebäude war erhalten geblieben, und die Farmer aus der Umgebung kamen mit ihren Frauen zu Pferd in die Stadt und versammelten sich auf den Stufen. Die Fischerfrauen, in scharlachroten Umhängen und breiten Filzhüten, priesen den Passantinnen ihre Ware an, den adligen Damen und Kaufmannsfrauen, die ihre Marktkäufe persönlich erledigten.

Die Damen aus Penzance waren berühmt für ihren Kopfschmuck, der sich jedoch leicht in den Haken der Stangen verfangen konnte, die in Kopfhöhe an den Marktständen angebracht waren. Eine dieser Schönheiten war für ihren »Tête« besonders berüchtigt, ein hohes Gebilde aus Bändern, Spitzen und einem Kissen und das alles auf dem Kopf übereinandergetürmt. Es ging das Gerücht um, sie habe ihren Kopfschmuck zu lange nicht angetastet, und als sie wegen Kopfschmerzen nach einem Arzt schicken musste, nahm dieser den komplizierten Aufbau auseinander und fand darin ein Nest junger Mäuse und eine Anzahl Fliegeneier. Die Dame war gezwungen, ihren Kopf kahl zu scheren, doch sie behielt das Haar und ließ daraus eine Perücke anfertigen, die, wie das Pech es wollte, an einem dieser Markthaken hängen blieb, sodass ihr kahler Schädel auf dem Marktplatz vor aller Welt zu sehen war.

Möglich, dass Elizabeth Branwell ihre kastanienbraunen Löckchen unter der großen Haube in Erinnerung an diese Mode ihrer Mädchenzeit in Penzance trug, auch wenn sie von ihren Nichten und deren Freundin Ellen Nussey, die noch Jahre später eine Bemerkung darüber machte, oben in Yorkshire deswegen belächelt wurde. »Sie trug Hauben, die für ein halbes Dutzend solcher der derzeitigen Mode groß genug gewesen wären, und vorn auf der Stirn helle, kastanienbraune Locken«, schrieb Miss Nussey. »Sie sprach oft von ihren Jugendtagen, den Festlichkeiten in ihrer geliebten Geburtsstadt Penzance in Cornwall; sie erinnerte sich mit Bedauern an das gesellschaftliche Leben dort und vermittelte einem die Vorstellung, dass sie unter ihren heimatlichen Bekannten eine Schönheit gewesen war. Sie schnupfte Tabak aus einer sehr hübschen goldenen Dose, die sie einem manchmal mit einem kleinen Lachen anbot, als gefiele ihr der kleine Schock, der sich auf deinem Gesicht abzeichnete.«

Sollte Miss Branwell ihre Nichten und deren Freundin tatsächlich gerne brüskiert haben, dann müssten ihr auch die mutwilligen Späße am Mittsommerabend in Penzance gefallen haben, wenn sie und ihre Schwester Maria dem Festzug zusahen, bei dem die jungen Leute mit brennenden Fackeln aus einem alten, gefalteten und in Teer getauchten Stück Segeltuch, das man an das Ende eines Stockes genagelt und angezündet hatte, durch die Straßen zogen. Diese Banner wurden über dem Kopf geschwungen, während die Fackelträger mit Einbruch der Dunkelheit immer wilder und lauter wurden; Teerfässer wurden in Brand gesetzt, auf den Straßen loderten Freudenfeuer, und auf den Türschwellen der Häuser leuchteten Kerzen. Wenn die Feuer allmählich niederbrannten, rannten die jungen Leute, Jungen und Mädchen, durch die Straßen und riefen »Ein Auge! Ein Auge!« und fassten einander an den Händen und bildeten lange Schlangen. Die beiden Letzten hoben jeweils die Arme zu einem Bogen, durch den die anderen singend hindurchliefen. Es ist verlockend, sich die beiden Miss Branwells beim übermütigen Tanz durch die Straßen vorzustellen, und selbst wenn sie die Ausgelassenheit nur vom Fenster aus beobachtet haben mochten, hatten sie doch teil an den Lustbarkeiten in Penzance, denn der folgende Tag, Mittsommer, war »allgemeinem Müßiggang, Wasserpartien und einem Jahrmarkt auf der Mole« gewidmet.

Doch in der Zeit, als die beiden Miss Branwells in Chapel Street aufwuchsen, ereigneten sich dort auch düsterere Vorfälle. Im Nachbarhaus spukte es, und zwar nicht nur im Haus, sondern auch im Garten und im Obstgarten, die es umgaben. Diese Geschichte war unter den Bewohnern der Chapel Street so lebendig, dass Elizabeth Branwell sie an Winterabenden, wenn sie sich im Esszimmer zum Abendessen versammelten, höchstwahrscheinlich auch ihren Nichten und ihrem Neffen erzählte.

Bei dem Haus handelte es sich um ein stattliches Gebäude, das einer älteren Dame gehörte, Mrs. Baines. Der Garten und insbesondere der Obstgarten waren recht groß und mit ausgesuchten Apfelbäumen bepflanzt, und aus Angst vor Dieben befahl Mrs. Baines ihrem Diener, ihren Besitz nachts zu bewachen. Sie war nicht ganz zufrieden mit der Art und Weise, wie er seinen Wachposten ausfüllte, und eines Abends ging sie persönlich in den Obstgarten und stellte fest, dass er, wie erwartet, nicht da war. Sie schüttelte einige Äpfel von den Bäumen, um ihm bei seiner Rückkehr eine Lektion zu erteilen. Zu ihrem Unglück hatte sie den Mann falsch beurteilt, der unter einem ihrer kostbaren Bäume eingenickt war. Weil er Diebe zu hören glaubte, sprang er mit einem Aufschrei auf die Füße und richtete seine Waffe, eine alte Donnerbüchse, auf seine Herrin.

»Ich werde ermordet, ich werde ermordet«, kreischte die unglückliche Frau und fiel wie einer ihrer eigenen Äpfel zu Boden; und obwohl ihre Verletzungen nicht als schwerwiegend beurteilt wurden, erholte sie sich nicht mehr von diesem Sturz und starb kurze Zeit später.

Von da an wurde behauptet, ihr Geist gehe in diesem Obstgarten um. Bewohner der Chapel Street, die an dem Grundstück vorbeigingen, schworen, sie eines Abends in ihrem kurzen Seidenumhang mit den lang von den Ellbogen herabhängenden Spitzenborten, ein Spitzenhäubchen auf dem Kopf und einen Stock mit goldenem Griff in der Hand, dort unter den Bäumen wandeln gesehen zu haben. Niemand traute sich, den Obstgarten zu betreten, und die Äpfel blieben an den Bäumen hängen und verfaulten. Manchmal, so sagte man, flatterte sie aus dem Garten auf wie ein altes Huhn, das sich den Wind zunutze macht, und hockte sich auf die Mauer, sodass ihre spindligen Beine und hochhackigen Schuhe unter den Unterröcken hervorblitzten. Niemand wollte das Haus bewohnen, denn sie ging in allen Zimmern um, klapperte mit Türen und Möbeln oder wurde als schattenhafte Gestalt gesichtet, die nach Einbruch der Dunkelheit aus dem Fenster schaute und zornig die Faust schüttelte.

Schließlich schickte man nach einem Geisterbeschwörer, einem Pfarrer namens Singleton, der berühmt war für seine Geisteraustreibungen und irgendwie Erfolg hatte, indem er die ruhelose Mrs. Baines von ihrem Haus und ihrem Obstgarten auf die Sandflächen westlich des Hafens lockte, wo sie blieb, bis das Meer sie davontrug. Das Haus wurde dennoch nicht vermietet, und noch Jahre später behaupteten die Nachbarn, in einem der Zimmer im oberen Stockwerk das Surren ihres Spinnrads zu hören.

Mrs. Baines war nicht der einzige Geist, der die Chapel

Street heimsuchte. Auch um den nahen Friedhof der St. Mary's Chapel machte man einen Bogen, denn dort war eine weiß gekleidete Erscheinung gesichtet worden, die zwischen den Gräbern umging. Ein noch beängstigenderes Phantom suchte angeblich den Friedhof einer Nachbarpfarrei heim, wo ein Mann begraben lag, der in jungen Jahren vergiftet worden war. Seine Frau war für den Mord verurteilt und gehängt worden; ihre Schuld war erwiesen, denn als man die Leiche exhumierte, wurde genügend Arsen gefunden, um drei Männer zu töten. Es war nicht das unglückliche Opfer, das auf dem Friedhof spukte, sondern der Geist der Mörderin höchstselbst, in ein Leichentuch gewickelt und mit den Spuren des Stricks um den geschwollenen Hals. Sie wurde gesehen, wenn sie in stürmischen Nächten mit dem Spaten in der Hand auf dem Grab ihres Mannes stand, für alle Zeiten auf schreckliche Weise dazu verdammt, es denen nachzutun, die den Sarg geöffnet und ihre Schuld bewiesen hatten.

Die Geschichten aus Penzance und die Sage von Penrose, das in der Nähe von Sennen und damit nur ein paar Meilen von Penzance entfernt lag, reichten aus, um die Brontë-Kinder mit wilden Phantasievorstellungen ins Bett zu schicken und sie erwartungsvoll und in köstlicher Angstlust auf den Friedhof in Haworth und auf die hinter dem Pfarrhaus gelegenen Moore von Yorkshire hinausblicken zu lassen.

Das Klima im Norden war tatsächlich härter. Im Winter gab es bitterkalte Schneefälle, die die Tante veranlassten, im Haus zu bleiben, in ihren Holzschuhen hörbar über die Steinböden des Pfarrhauses zu schlurfen und dabei ständig die warmen, feuchten Tage in dem weit entfernt im Südwesten gelegenen Penzance zu beklagen. Wenn es darum ging, Landschaften miteinander zu vergleichen, war sie den Kindern gegenüber ebenfalls im Vorteil und erzählte vom weiten Panorama der Mount's Bay und der gesamten Halbinsel Land's End, von den Fischerdörfern Newlyn, Mousehole und St. Ives und daneben von der rauen Großartigkeit der Moore von West Penwith, die von uralten Wurfringen und Granitgräbern gekrönt waren. In ihrer Einsamkeit und Schönheit konkurrierten sie mit den Oakenden Stones auf Crow Hill, die wiederum die aus Yorkshire stammenden Nichten und Neffen kannten. Ponden Kirk hoch oben auf dem Stanbury Moor, ein Fels mit einem Loch in der Mitte, war eine beliebte Kletterstelle der jungen Brontës und mit den gleichen Sagen und Traditionen verbunden wie der Lochstein Mên-an-Tol in der Pfarrei Madron in der Nähe von Penzance. Durch den Stein zu kriechen heilte alle Krankheiten und verhalf obendrein zu einer frühen Heirat. Die Felsen und Steine in diesen Yorkshire-Mooren, die in dem Roman *Sturmhöhe* als Penistone Crags Berühmtheit erlangten, weisen die gleiche Strenge, die gleiche ferne Großartigkeit auf wie die in West Penwith; für den Wanderer, der beide kennt, liegt der einzige Unterschied darin, dass in Cornwall der Wind vom Meer aus allen Richtungen bläst.

»*Sturmhöhe*«, schrieb Charlotte Brontë nach Emilys Tod, »war ein mühsames Werk, geschaffen in einer ursprünglichen Werkstatt, mit einfachen Werkzeugen und aus heimischen Materialien. Die Bildhauerin fand auf einem einsamen Moor einen Granitblock; bei seinem Anblick erkannte sie, wie aus diesem Findling ein wilder, düsterer Kopf werden könnte; eine Gestalt, die mit mindestens einem Element einer großartigen Kraft geformt wurde. Sie arbeitete mit einem groben Meisel und nach keinem anderen Vorbild als dem Blick in ihre eigene Gedankenwelt.«

Dieser Blick, der aus persönlicher Kenntnis der Landschaft Yorkshires und eigener Beobachtung herrührte, kam aus dem tiefen Inneren und war Teil jenes Erbes Emily Brontës aus ebenjenem Cornwall, das sie nie gesehen oder kennengelernt hatte.

1812 fuhr Maria Branwell, die im Alter von neunundzwanzig Jahren noch immer mit ihren unverheirateten Geschwistern in Penzance zusammenlebte, nach Yorkshire, um dort einen Onkel zu besuchen, Hochwürden Joseph Fennell, einen methodistischen Prediger und Leiter der Grove Wesley Academy in Woodhouse. Dort lernte sie Hochwürden Patrick Brontë kennen, den Sohn eines irischen Webers, der sechs Jahre älter war als sie und in Hartshead in der Nähe von Dewsbury Hilfspfarrer war. Sie verliebten sich und heirateten im selben Jahr, am 29. Dezember, in der Kirche von Guiseley in der Nähe von Bradford. Ihre Familie nahm nicht an der Hochzeit teil, denn am selben Tag heiratete Marias zweite Schwester Charlotte einen Cousin, Joseph Branwell, und zwar in der Kirche von Madron, damals Pfarrkirche von Penzance und berühmt dank einer Zauberquelle, in deren Wasser Mütter gerne ihre nackten Kleinkinder tauchten.

Maria Branwell kehrte nie mehr nach Cornwall zurück. Drei Jahre nach der Hochzeit zog ihr Mann aus beruflichen Gründen von Hartshead nach Thornton, und 1820 wurde er Pfarrer in Haworth. Die sechs gemeinsamen Kinder, alle innerhalb von acht Jahren in Hartshead und Thornton geboren, zehrten an Marias Gesundheit. Sie war bereits eine kranke Frau, als sie nach Haworth kam, doch ihre Seelenstärke und die Liebe zu ihrem Mann und ihren Kindern halfen ihr dabei, die Schmerzen für sich zu behalten. Im darauffolgenden Januar erkrankte sie an Krebs und schwebte sieben lange Monate zwischen Leben und

Tod, bis sie schließlich am 15. September 1821 verstarb. Über ihren Charakter und ihre Persönlichkeit ist wenig bekannt. Es gibt keine Berichte darüber, ob sie Cornwall vermisste, und Briefe, die sie an ihre Familie oder ihre Freunde in Penzance geschrieben haben mochte, sind nicht überliefert.

Dass sie ihre frühere Heimat liebte, geht aus einem Brief hervor, den sie vor ihrer Heirat an Patrick Brontë schrieb: »Wenn meine Liebe zu Ihnen nicht so groß wäre, wie könnte ich dann mein Zuhause und alle meine Freunde aufgeben – ein Zuhause, das ich so sehr liebe, dass ich oft gedacht habe, dass nichts auf der Welt mich dazu bewegen könnte, mich auch nur für eine gewisse Zeit davon und von den Freunden dort zu trennen, mit denen ich schon seit so langer Zeit alle Wechselfälle der Freude und des Kummers teile?« Auch hat sie sich wohl nicht leichten Herzens der Autorität eines Ehemanns gebeugt. »Schon seit einigen Jahren war ich so voll und ganz Herrin meiner selbst, keiner wie auch immer gearteten *Kontrolle* unterworfen, sondern so fern davon, dass meine Schwestern, die viele Jahre älter sind als ich, und selbst meine liebe Mutter, sich in allen wichtigen Angelegenheiten mit mir berieten.«

Hier sind kornischer Individualismus und kornischer Stolz erkennbar, beides Eigenschaften, die in späteren Jahren bei ihrer Tochter Emily deutlich hervortreten würden. Sogar in ihren letzten Monaten, so beschreibt es ihr Mann in einem Brief an einen Freund, sei dieser seltsame Rückzug in die innere Einsamkeit erkennbar, mit dem auch Emily Brontë siebenundzwanzig Jahre später ihre Familie quälte. »Genau um diese Zeit schien der Tod meiner lieben Frau in einer Art und Weise die Hand auf die Schulter gelegt zu haben, die sie rasch dahinzuraffen drohte. Sie war kalt und schweigsam und schien kaum wahrzunehmen, was um sie herum vor sich ging. Ein paar Wochen später kam ihre Schwester, Miss Branwell, und spendete meinem Gemüt großen Trost, der seit damals anhält, indem sie meine Pflichten und Sorgen teilte und sich meinen Kindern gegenüber wie eine liebevolle Mutter verhielt. Bei frühestmöglicher Gelegenheit rief ich verschiedene Herren der Medizin, die geliebte Leidende aufzusuchen, doch ihre ganze Kunst war vergebens. Der Tod war ihr unnachgiebig auf den Fersen. Ihre Konstitution war geschwächt, und ihre Gestalt schwand von Tag zu Tag mehr dahin; und nach ungefähr sieben Monaten schrecklicher Schmerzen, wie ich sie noch nie jemanden habe ertragen sehen, entschlief sie in Jesus, und ihre Seele entwich in die Herrlichkeit himmlischer Wohnungen. Während vieler Jahre war sie mit Gott gewesen, doch der große Feind, der ihr ihr frommes Leben neidete, störte in dieser letzten Auseinandersetzung oftmals ihr Gemüt ...«

Elizabeth Branwell blieb und teilte seine Pflichten und Sorgen bis zu ihrem Tod. Ob sie, im Gegensatz zu ihrer Schwester Maria, jemals wieder in ihre Heimatstadt Penzance zurückkehrte, ist nicht bekannt.

Diese beiden kornischen Frauen, die in einer Marktstadt, in der ihre Familie es zu Ansehen gebracht hatte, auf ein anderes Leben vorbereitet worden waren und beide nicht mehr jung waren, als sie ihr Elternhaus verließen, brachten den ihnen eigenen, unbezähmbaren Mut mit nach Yorkshire und in die Pfarrei auf dem Moor und lebten dort unter Menschen, die, so liebenswürdig und gastfreundlich sie auch sein mochten, Menschen aus dem Süden gerne für »weich« hielten. In den Augen der Bewohner Yorkshires war Penzance ein Kurort für bessere Leute, die es durch Handel zu Wohlstand gebracht und noch keinen Tag bei harter Arbeit in einer Fabrik zugebracht hatten, und Cornwall hielten sie für ein fernes, angenehm von blauem Meer umspültes Land, wo zwischen den Hecken Primeln wuchsen und es niemals schneite. Sie irrten sich, doch war das nicht ihr Fehler. Die Bewohner des Nordens überquerten Anfang des 19. Jahrhunderts selten den Tamar. Noch einmal hundert Jahre mussten ins Land ziehen, bis ein jährlicher Urlaub in Mode kam und die Leute aus Yorkshire zu Tausenden in den Südwesten reisten und Cornwall für sich entdeckten.

Heute gibt es solche Grenzen der Verständigung nicht mehr. Der Besucher aus dem Norden, der sich mit einer gewissen Nostalgie an die stillstehenden Webstühle und die leeren Fabriken in seiner eigenen Heimat erinnert, kann die verlassenen kornischen Minen voll Mitgefühl betrachten. Hier findet er die Moorlandschaft, die er kennt und liebt, das Heidekraut und das Gebüsch, selbst die plötzlich aufkommenden Stürme und den heftigen Regen. Liebhaber der Brontë'schen Romane, die mit dem Museum im Pfarrhaus vertraut sind, wo die Schwestern ihre Bücher schrieben, können in Penzance und West Penwith vieles wiedererkennen; vieles, was bisher verwirrend war, wird plötzlich offensichtlich. Hatten die Brontë-Schwestern mit ihrem Bruder Branwell als Kinder nicht Inseln erfunden? Gab es in Emilys Königreich Gondal nicht Burgen, Verliese und Bürgerkriege? Entstammte das alles der Phantasie oder geht es auf etwas zurück, das die Kinder in Büchern gelesen oder in den Geschichten gehört haben, die man ihnen erzählte?

Bis heute beherrscht St. Michael's Mount, Heimstätte von Einsiedlern, Benediktinermönchen, Feudalbaronen und rebellischen Grafen, Mount's Bay. Im Bürgerkrieg war es die Festungsanlage des Royalisten Sir Arthur Bassett, bis er sich 1646 dem Parlament ergab und die Anlage später verarmt einem der Parlamentsführer verkaufte, John St. Aubyn – dessen Nachkomme, ein weiterer John, die ganze Anlage 1760 modernisierte und in eine Wohnung für die Familie umwandelte. Elizabeth Branwell musste die Anlage in ihrer Kindheit von ihrem Elternhaus in Penzance aus an guten wie schlechten Tagen vor Augen gehabt haben. Bei diesem felsigen, vom Meer umspülten Eiland, das bei Flut für Reisende unerreichbar war und auf das man nur bei Ebbe über einen Damm gelangen konnte, handelte es sich vermutlich um eine ihrer eindringlichsten und kostbarsten Erinnerungen.

Welche Phantasien über Gefangene und Ausgestoßene, Schreie aus dem Kerker, Sagen von sturmgeplagten Seeleuten musste diese »altmodische kleine Dame mit den kastanienbraunen Löckchen« in den Köpfen ihrer kindlichen Zuhörer wachgerufen haben, dass sich in ihnen diese erzählerische Kraft und ein solcher Sinn für Dramatik entwickeln konnte, der so sehr Teil des kornischen Charakters ist, und sie nach ihren längst verstorbenen mütterlichen Vorfahren geprägt haben, von denen jeder einzelne ein Individualist war, schroff wie der Granit auf den Mooren West Penwiths.

13
Häfen und Sardinen

Wenn ein Bewohner Cornwalls früher nicht über oder unter Tage Zinn schürfte oder seinen Lebensunterhalt auf andere Weise mit der Erde verdiente, war es wahrscheinlich, dass er aus einem der kleinen Dörfchen kam, die sich an der Küste drängten, und dass er, wie auch schon seine Vorfahren, seinen Lebensunterhalt mit Fischerei verdiente. Obwohl man jedes Mal, wenn er in See stach, behaupten konnte, dass er sein Leben aufs Spiel setzte, handelte es sich um eine weniger lebensbedrohliche Beschäftigung, als nach Zinn zu graben. Jeder Tinner hatte etwas von einem Spieler an sich. Vielleicht war das kostbare Erz in den kieshaltigen Bächen neben dem Granit oder unter Tage zu finden, vielleicht aber auch nicht. Wenn er Erfolg hatte, gab es eine Chance, wenn auch kein Vermögen, so doch eine Phase der Stabilität zu erlangen, solange ein Bach oder eine Mine ergiebig waren; wenn er keinen Erfolg hatte, hatte das außer Entbehrung für ihn selbst und seine Familie keine weiteren Folgen, bis er sein Glück aufs Neue versuchte und erfolgreich war.

Ein Fischer sah sich solchen Herausforderungen nicht gegenüber. Die Fische schwammen im Meer und enttäuschten ihn nicht. Für ihn war es die Gefahr eines Unglücks, das ihn selbst oder seine Gefährten, sein Schiff oder seine Netze treffen konnte, mit der er zu leben hatte und die mit vernünftigen Vorsichtsmaßnahmen ausgeschaltet werden konnten. Die Tatsache, dass schon viele Fischer ertrunken sind und ihr Boot zerschellte, ist nicht auf Unwissenheit zurückzuführen, sondern auf Mut und Verwegenheit, die, wie bei seinen Brüdern, den Bergleuten, auch ihm im Blut liegen. Wenn er sich mit dem Wetter auskannte, wusste er, dass sich mit dem Gezeitenwechsel der Wind änderte, möglicherweise stärkerer Wind und höhere Wellen aufkamen und schon der kleinste Fehler bei der Berechnung seiner Rückkehr in den Hafen gefährliche, sogar katastrophale Folgen haben konnte; doch der Wunsch, dem Wetter ein Schnippchen zu schlagen und einen großen Fang nach Hause zu bringen, gewann gegenüber der Vorsicht immer wieder die Oberhand. Was die Fische betraf, lehrte ihn die jahrhundertealte Erfahrung, welche Fischschwärme zu welcher Jahreszeit zu erwarten waren.

Wichtigste und bedeutendste Stütze seines Geschäfts war ein Fisch, der, um einiges kleiner als ein Hering und um einiges größer als eine Sardine, nur an den Küsten Cornwalls und gelegentlich vor der Südwestküste Irlands vorkam – die kornische Sardine. Die Sardinen ziehen, genauer gesagt, zogen früher gewöhnlich Mitte Juli vom Atlantik vor den Scilly Islands an die kornische Küste und hielten sich bis November, Dezember dort in den küstennahen Gewässern auf. Vermutlich wurden in Cornwall schon vor langer Zeit Sardinen gesichtet, denn Sardinen sind seit undenklicher Zeit dort ein Grundnahrungsmittel, das im Sommer frisch und im Winter gesalzen verzehrt wurde. Carew beschrieb in seinem *Überblick über Cornwall*, wie sie gefangen wurden, nämlich mit einer Methode, die sich vom 17. Jahrhundert bis in unsere Tage kaum verändert hat. Je nach Gebiet gab es kleine Unterschiede, doch der Zeitpunkt war identisch, wenn im August ganze Schwärme erwartet wurden und jeder, Mann, Frau und Kind, sich auf die alljährliche Aufregung und harte Arbeit vorbereiteten.

Zunächst wurde auf der Klippenspitze ein Wachposten stationiert, der »Huer« – das Wort leitet sich von »Hevva«

ab, was Fischschwarm bedeutet. Mit einem Ginsterbusch bewaffnet, stand dieser an seinem Aussichtspunkt und hielt im Meer nach einem dunklen Schatten Ausschau, der einen Schwarm ankündigte. In der Zwischenzeit warteten die Männer mit ihren Netzen am Ufer. Sobald eine dunkle Wolke die Wasseroberfläche kräuselte und der »Huer« dies beobachtete, rief er »Hevva! Hevva!« und schwenkte den Ginsterbusch energisch nach rechts oder links, um die Richtung anzuzeigen, in der Tausende und Abertausende von Sardinen unterwegs waren. Die Boote wurden ins Wasser gelassen und das Schlagnetz ausgeworfen, um den ganzen Schwarm einzukreisen, ungefähr so, wie man Schafe in einen Pferch treibt. Ein zweites Netz, das Landungsnetz, wurde dann an Ersterem befestigt, sodass die ganze Apparatur einen Kreis bildete; darin wurden die Fische buchstäblich gefangengenommen. Das große Ereignis für die am Ufer Zurückgebliebenen war es, wenn die Männer das Landungsnetz einholten und die springenden, zappelnden Fische aus dem Wasser gezogen wurden. Jedes Boot, das Fische aufnehmen konnte, hielt sich neben dem Netz bereit, und plötzlich wurde die ganze Wasseroberfläche lebendig, es kochte und brodelte wie in einem großen Kessel, wenn die verzweifelten Fische versuchten, dem Netz und der Schiffsflotte zu entkommen. Manchmal waren die Schwärme so groß, dass die Fische, noch bevor die Boote mit dem Schlagnetz in Position gebracht und die Landungsnetze ausgeworfen waren, von sich aus dicht ans Ufer und an Land gerieten, wo sie, nach Luft schnappend und wie ertrinkende Seeleute um sich schlagend, in jeden verfügbaren Eimer oder Korb geworfen wurden.

Der nächste Schritt bestand darin, sie mit Karren und Wagen vom Ufer zum Salzhaus zu transportieren, wo die Frauen darauf warteten, sie zwischen Lagen von Salz aufeinanderzuschichten. Sie blieben fünf oder sechs Wochen im Salz oder »in bulk«, wie man es nannte, während die Rückstände aus Öl, Salz und Wasser in steinerne Rinnen tropften und später anderweitig verwendet wurden; Salz, Wasser und Eingeweide wurden zu natürlichem Dünger, das Öl wurde geklärt und verkauft. Die Einnahmen aus diesen Nebenprodukten reichten aus, um die Schlagnetz-Fischer, die »Seiners«, zu bezahlen. Die Sardinen, die nicht vor Ort verkauft beziehungsweise für den Winter eingelagert wurden – jeder Haushalt besaß einen großen Vorrat an gesalzenen Sardinen –, wurden gewaschen, in große Fässer verpackt und in den nächsten Hafen gebracht, um im Ausland abgesetzt zu werden, denn außer in Cornwall bestand in England kaum Nachfrage. Italien und Spanien waren die größten Märkte; der wichtigste Grund dafür war, dass dort die Fastenzeit strikt eingehalten wurde.

Weiter draußen vor der Küste wurden die Sardinen auch mit Treibnetzen gefangen, ebenso wie Makrelen, bei denen es sich ebenfalls um einen saisonalen Fisch handelt, der in den Sommermonaten in großen Mengen auftrat und manchmal wie die Sardine in Schwärmen bis dicht an die Küste schwamm oder von schnellen Booten aus mit Angeln gefischt wurde. Auch Krabben und Hummer wurden im Sommer gefangen, die Hummerkästen in der Nähe von Felsen ins Wasser gesenkt, wo sie ein paar Tage blieben, wenn gutes Wetter angekündigt war, bevor man sie wieder heraufholte und ans Ufer brachte. Kabeljau und Lengfisch wurden in den Wintermonaten mit langen Leinen gefischt, an denen die Haken befestigt waren, Wittling, Schellfisch und Seebarsch das ganze Jahr über, doch verfügt jeder Fischer über besondere Kenntnisse seines Fanggebiets, den Meeresgrund und die dortige Wassertiefe. Die

Küstenfischer, die mit ihren kleinen Booten aus den kleineren Dörfern und Buchten kamen, blieben meist in heimischen Gewässern, doch die Verwegenen, die weit draußen auf Hering aus waren, verfügten über größere Schiffe und großzügig bemessene Mannschaften; sie segelten bis Irland und in den Norden Schottlands, kehrten dann entlang der Ostküste Englands zurück in den Ärmelkanal. Der Hafen von St. Ives, hufeisenförmig an der Westseite der weit ausladenden Bucht gelegen, die den Mündungstrichter des Hayle umrahmt, war vor den vorherrschenden Südweststürmen geschützt. Obwohl der Hafen bei Ebbe trockenfiel und das Meer in der sandigen Bucht Untiefen aufwies, konnten die Schiffe draußen vor der Küste und entlang der Nordküste zum Fischfang auslaufen, während Fischerhäfen und Buchten entlang des Ärmelkanals vom Wetter abhängig waren. St. Ives beherrschte den Fischfang an der Nordküste, Padstow in der allmählich versandenden Camel-Mündung war die einzige Konkurrenz. Die Dörfer Boscastle, Port Isaac, Newquay besaßen lediglich kleinere Häfen und waren nie eine ernsthafte Konkurrenz.

Die Fischerhäfen entlang des Ärmelkanals hatten generell den Vorteil tieferer Gewässer, manche davon verfügten über innenliegende Häfen, deren Außenmauern bei rauer See besseren Schutz boten. Die Bucht Mount's Bay zwischen Land's End und Lizard Point war ein guter Fanggrund, und Newlyn und sein kleinerer Nachbar Mousehole waren die wichtigsten Häfen. Porthleven westlich von Loe Bar war ein weiterer Hafen mit einer Flotte, deren Boote vor Ort gebaut wurden und auch rauestem Wetter standhielten, und in jeder kleinen Bucht westlich und östlich von Lizard Point bis zu den Mündungen der Flüsse Helford und Fal nannte sich ein Örtchen voller Stolz Fischerdorf – Mullion, Cadgwith, Coverack, Porthoustock und Porthallow.

Östlich des Fal bis Dodman Point, St. Mawes, Portscatho, Portloe und Portholland lebten alle vom Fischfang, und östlich des Dodman beherrschten Mevagissey, Gorran, Polperro und Looe bis nach Rame Head und zum Plymouth Sound das Geschehen. Fowey mit seinem Tiefseehafen war in erster Linie ein Seehafen und besaß nie eine eigene Fischereiflotte.

Die Ankunft der Eisenbahn war für die kornischen Fischer ein gewaltiger Segen. Die Männer von St. Ives, Newlyn und Mousehole konnten ihren frischen Fisch mit dem Zug von Penzance nach London schicken, während Truro, Par und Liskeard die Häfen und Dörfer weiter oben am Ärmelkanal versorgten. Es schien, als kämen endlich auch jene kornischen Männer zu Wohlstand, die am und vom Meer lebten; dass es mit dem Leben von der Hand in den Mund vorbei wäre und das alljährliche Warten auf den großen Sardinenfang nicht mehr länger das wichtigste Ereignis des Fischereijahrs darstellte, sondern Teil des saisonalen Fangs wäre. In jedem Hafen einer gewissen Größe zwischen St. Ives und Looe wurden Fischerboote gebaut, deren Form und Aufbau den einheimischen Bedürfnissen angepasst waren.

Bei den Booten aus St. Ives waren Bug und Heck meist identisch, sodass das schmale Heck sich leicht aus dem Wasser hob und der kabbeligen See in der Bucht von St. Ives nur geringen Widerstand bot. Diese Boote hatten wenig Tiefgang, was es ihnen ermöglichte, im Hafen bei Ebbe problemlos über den sandigen Meeresgrund zu gleiten. Es gab sie in verschiedenen Größen und Formen, je nach der Art der Fischerei, für die sie bestimmt waren. Größere Schiffe wurden von Treibnetzfischern eingesetzt, die von März bis Juni den Makrelenschwärmen folgten und gleich im Anschluss daran vor der Atlantikküste auf Heringsfang gingen und manchmal bis zum Herbst fortblieben. Die kleineren, mit Schlagnetzen ausgerüsteten Boote für den Sardinenfang waren im Hafen stationiert. Mitte des 19. Jahrhunderts gab es ungefähr sechzig oder mehr Lugger-Boote – so genannt wegen des viereckigen Luggersegels, das an Fockmast und Heck an einem einzigen Baum befestigt war – und ungefähr zweihundertfünfzig Schlagnetzboote, alle im Hafen von St. Ives. Auch bei den Booten in der Mount's Bay waren Bug und Heck identisch konstruiert, denn jenseits von Lizard Point, wo die Häfen tiefer waren und sowohl im Hafen als auch auf dem Meer andere Bedingungen herrschten, war der Falmouth Piertender populär, ein Schiff mit quadratischem Heck und tiefem Kiel. Ähnliche Boote wurden auch in Mevagissey und Looe gebaut.

In den fünfzig Jahren zwischen der Ankunft der Eisenbahn und dem Ende des neunzehnten Jahrhunderts erlebte das Fischereigewerbe in Cornwall seine Blütezeit. Die unermüdlichen Wanderer Wilkie Collins, Walter White und Alphonse Esquiros fanden sich auf dem Weg nach Land's End knietief in Fischen wieder, als sie in Newlyn und St. Ives ankamen, und besonders Alphonse Esquiros war vollkommen ernüchtert, als sich das, was er zunächst für ein griechisches Dorf gehalten hatte, allzu rasch als stinkender Sardinen-Hafen herausstellte.

»St. Ives«, schrieb er düster, »gewinnt nicht bei näherem Hinsehen. So schön seine Lage auch sein mag, machen die schmalen, gewundenen Straßen den Besucher umso trauriger und zerstören seine Illusionen. Es ist ganz und gar ein Fischerdorf. Beinahe sämtliche Häuser haben außen steinerne Treppen, die in den ersten Stock hinaufführen, wo die Familien wohnen, während das Erdgeschoß als Fischkeller genutzt wird. Letzterer verströmt besonders in der

Sardinensaison seinen alles andere als angenehmen Geruch auch in den bewohnten Teil des Hauses; für den Fischer ist dieser Geruch allerdings so gut wie jeder andere – der Duft von Profit und Wohlstand.«

Alphonse Esquiros' *Cornwall und seine Küsten* wurde 1865 geschrieben. Die Herzen der Fischer konnten sich noch weitere dreißig Jahre an »Profit und Wohlstand« erfreuen, dann setzte der Niedergang ein. Die Sardinen waren die Ersten, die die kornischen Küsten im Stich ließen. Welche Gesetze der Migration sie zu diesem Kurswechsel zwangen, vermochte niemand zu sagen, doch kurz nach Anbruch des neuen Jahrhunderts endete die allsommerliche Masseninvasion, die Schlagnetzboote warteten vergebens, der Schrei des »Huers« war nicht mehr zu hören, und die Treibnetzfischer mussten auf der Suche nach den launischen Schwärmen weit aufs Meer hinaus fahren. Die letzten großen Sardinenfänge in Küstennähe wurden 1905 und 1907 in St. Ives getätigt.

Es sollte noch schlimmer kommen, denn Anfang des 20. Jahrhunderts stellten die kornischen Fischer fest, dass sie nicht allein in ihren heimischen Gewässern fischten. Treibnetzfischer aus der Nordsee kamen in den Südwesten, Männer von der Ostküste mit größeren, stärkeren Schiffen aus Lowestoft, Yarmouth und anderen Häfen, zu denen sich französische Trawler von jenseits des Ärmelkanals gesellten. Die Ostküstenmänner bauten Motoren in ihre Schiffe ein, während die kornischen Fischer noch immer von ihrem Luggersegel abhängig waren. Die starke Konkurrenz übersättigte nicht nur den Markt, sondern vernichtete auch die Fischgründe. Als im Ersten Weltkrieg die jungen Männer einberufen wurden, war das für die kornischen Fischer ein neuer Schlag, und obwohl das Gewerbe zwischen den Kriegen wieder ein wenig auflebte, wuchs die Konkurrenz stetig, und auch heute, trotz der Dieselmotoren, der Zwölf-Meilen-Zone für ausländische Trawler, staatlicher Subventionen und der beherzten Bemühungen einiger dieser kornischen Fischer, ihre alte Berufung zum Erfolg zu machen, sind die Aussichten zweifelhaft.

Es ist deprimierend, festzustellen, dass eine ganze Flotte von Schlagnetzbooten, wie sie Alphonse Esquiros in St. Ives 1865 gesehen hatte, 1924 nicht mehr existierte – sämtliche Boote waren zu Feuerholz zerschlagen worden. Mehr oder weniger das Gleiche geschah in anderen Fischereihäfen, in Mevagissey, Polperro und Looe, Häfen, in denen es einst unzählige, Heck an Heck vertäute Fischerboote gegeben hatte. Die größeren Schiffe wurden mit der Zeit immer seltener benutzt, das Deck verfaulte, an den Schiffswänden bildeten sich Blasen, das Gerät verrostete, und die verzweifelten Besitzer blieben untätig im Hafen.

Als ich ungefähr zehn Jahre vor Ausbruch des Zweiten Weltkriegs in Bodinnick, Fowey, wohnte, waren die kleinen Flotten, die von den Fischerdörfern aufs Meer hinausfuhren, noch ein hübscher Anblick, ein Boot nach dem anderen, das an Sommerabenden zwischen Looe und Polperro nach Westen segelte. Später, wenn es dunkel wurde und ich mich aus der Bodenluke lehnte, die auf den Hafen von Fowey hinaussah, blinkten, wie zweifellos schon seit Jahrhunderten, weit draußen am Horizont ihre Lichter, und die Bootsmannschaften stammten seit Generationen aus denselben Familien, die Boote gingen vom Vater an den Sohn über. Damals war ich stolze Besitzerin eines Piertenders, der in der Slades-Werft in Polruan gebaut worden war, wo man früher Schoner hergestellt hatte; von romantischen Ideen beseelt und ohne die geringste Ahnung vom Fischen oder Segeln zu haben, investierte ich in ein Schleppnetz, das über das quadratische Heckwerk ausgeworfen wurde, immer die gewaltigen Fänge vor Augen, die ich in den Hafen bringen wollte. Das Ergebnis war allzu oft, dass wir Rochen fingen, die nicht essbar waren, oder Tintenfisch, der eine tintenblaue Flüssigkeit verspritzte, sobald er an Deck geworfen wurde, doch meine salzverkrusteten, von den nassen Tauen verschrammten Hände gaben mir das Gefühl, ein Seemann zu sein, und mein Herz machte einen Sprung, auch wenn sich mir der Magen umdrehte.

Später kauften mein Mann und ich in Mevagissey ein Fischerboot, das ursprünglich in Porthleven in Mount's Bay gebaut worden war. Wir nannten es *Restless*, und obwohl es nie weiter östlich als zum Fluss Hamble im Solent oder, in unseren eigenen, kornischen Gewässern, westlich des Flusses Helford segelte, hielten wir uns, wenn wir zum Vergnügen und für unser Abendessen fischten, auf unsere Weise für Seeleute, gemeinsam mit denen, die es für ihren Lebensunterhalt taten und die wir wie Kameraden grüßten, wenn wir, mit derselben tief befriedigenden Aufgabe befasst, den Ärmelkanal hinuntersegelten.

Die *Restless* beendete ihre Tage wie viele andere kornische Fischerboote als schwerfälliger Riese am Ufer, ein gestrandetes Opfer erzwungener Vernachlässigung in den sechs Jahren des Zweiten Weltkriegs. Heute, in den sechziger Jahren des 20. Jahrhunderts, liegen im Hafen von Mevagissey ganze sechs Schiffe ihrer Größe. Die lebhafteren, offenen Mevagissey-»Toshers« sind beliebter, sowohl bei den Fischern, die damit schneller zwischen den Fischgründen und dem Hafen hin und her segeln können, als auch bei den Sommergästen, die, dicht an dicht wie die Sardinen, deren Nachfolge sie angetreten haben, darin zu einer »Tour um die Bucht« aufs Meer hinaustuckern.

Der Fischfang lebt natürlich weiter. Krabben, Hummer

und Langusten sind in den Gasthäusern und Hotels gefragt. Seezunge, Scholle und Lachs (der Oberlauf des Fowey ist, oder war, ein gutes Fanggebiet dafür und für seinen kleineren Verwandten, den Junglachs) sind für den Abendbrottisch der Gäste ebenfalls erwünscht, und der Wittling – im Allgemeinen gibt es ihn im Überangebot – nimmt dahinter den zweiten Rang ein, während die Makrele, die am besten fangfrisch verzehrt wird, und der Schellfisch, von dem die weniger Begeisterten behaupten, er schmecke wie Watte mit Nadeln drin, noch immer den nicht ganz so anspruchsvollen Gaumen der kornischen Bevölkerung befriedigen.

Heute werden von der kornischen Hausfrau für den Winter keine Sardinen mehr eingesalzen, sie werden jedoch noch immer gefangen, auch wenn sie nicht mehr in Schwärmen zu Tausenden bis vor die Küste schwimmen, und in Mevagissey entstand vor dem zweiten Krieg eine blühende Konservenindustrie, die nach Italien und in andere Mittelmeerländer, sogar bis ins ägyptische Alexandria exportierte. Hoch erfreut über diese Entdeckung, drängte mein Mann als Kommandant eines Grenadierbataillons diese Dosen 1937 seinen zögerlichen Truppen auf, die bei Temperaturen um die vierzig Grad schwitzten und lieber ihren Durst gestillt und mit einer ägyptischen Melone Durchfall riskiert hätten. Bei Tisch servierten wir gutgläubigen Baumwollkönigen und ihren Frauen Sardinen, die ohne Proteste verzehrt wurden. Immerhin waren die Sardinen eine Abwechslung zu dem unvermeidlichen Curryreis mit Scampis. Diese Geste dürfte zwar nicht gerade den Wohlstand der Konservenfabrikanten in Mevagissey vermehrt haben, unsere nostalgischen Gefühle befriedigte sie aber durchaus.

Heute wird in den Konservenfabriken Mevagisseys von

Schließung gesprochen, nicht weil es, wie man sagt, keine Sardinen mehr gäbe, sondern weil sich die Fischer nicht mehr für sie interessieren und sie den Aufwand nicht mehr für wert halten. Sie können mehr Geld verdienen, wenn sie ihre Boote mit Sommergästen vollpacken. Der Streit dauert an, doch sollten die Konservenfabriken schließen, wäre das ein weiteres Zeichen für die veränderte Lebensweise in den kornischen Fischerhäfen.

St. Ives und Newlyn – besonders Newlyn – kämpfen gegen die Treibnetzfischer aus der Nordsee ums Überleben, doch ein Junge will heute nach dem Schulabschluss nicht mehr in die Fußstapfen seines Vaters, oder, noch häufiger, seines Großvaters, treten. Selbst größere Schiffe mit starken Dieselmotoren sind keine Verlockung mehr wie noch vor zwanzig oder dreißig Jahren. Man zögert, aufs Meer hinauszufahren, wenn der Fisch, in so großen Mengen er auch vorkommen mag, am Markt einen schlechten Preis erzielt.

Fisch zum Vergnügen und nicht zum Verzehr zu töten, ist ein profitables Unterfangen, und die Jagd auf Haie vor den kornischen Küsten der neue »Status-Sport«. Dazu sind starke Boote mit starken Motoren notwendig, die mit den allerneuesten Geräten ausgestattet sind, um den Fisch an Bord zu schaffen, und der Gast, der genügend Geld hat, um es mit beiden Händen auszugeben, kann sich in der Rolle eines weißen Safarijägers gefallen, einer Safari, die auf dem Meer stattfindet; Beutetier ist der Hai, der nicht essbar ist; nicht einmal seine Haut ist genügend wert, um das Abziehen zu lohnen. Die Teilnehmer an diesen Unternehmungen rechtfertigen sich damit, dass Haie natürliche Feinde der Fischer seien und ihre Netze zerstörten. Falls dem so ist, wurde diese Tatsache erst in den letzten Jahren bekannt. Vielleicht wird als Nächstes die Schildkröte zur

Jagdbeute dieser Sportsfreunde, die an ruhigen Sommertagen mit ihren gemächlichen Purzelbäumen einem Gewehr oder einer Harpune eine leichte Zielscheibe bietet.

Wasserski ist ein weiteres Mittel, um reiche Touristen anzulocken. Jedes Motorboot eignet sich dafür, vorausgesetzt, es hat eine gute Beschleunigung und kann mit Vollgas aus einer Bucht hinausbrettern und dann auf dem offenen Meer eine Runde drehen, ohne die in der Nähe auf und ab hüpfenden Köpfe der Schwimmer abzurasieren. Wenn das nicht ankommt, gibt es immer noch das Unterwasser-Fischen, bei dem der Schwimmer, passend gekleidet in einen Taucheranzug aus Gummi und mit einer Tauchermaske ausgerüstet, sich in die Tiefe vorwagen und einen Plattfisch aufspießen kann, der auf dem Meeres- oder Flussgrund vor sich hin döst – ein Sport, der bei den einheimischen Fischern wenig beliebt ist, da für sie diese Fische ihr Lebensunterhalt sind.

In den Häfen, sei es in St. Ives oder in Mevagissey, in Looe oder Polperro, werden auch die Wünsche des Besuchers befriedigt, der nicht aufs Wasser möchte. Er kann seinen Wagen so parken, dass er mit hundert anderen dicht gedrängt am Kai steht, dann auf der beengten Fläche herumschlendern und sich die Andenkenbuden ansehen. »Cornwall«, erklärte vor kurzem ein begeisterter Besucher, »muss Spielwiese ganz Englands werden.« Es handelte sich zweifellos um einen Mann mit Vision.

Die kornischen Fischerdörfer könnten wie die Dörfer an der spanischen Costa Brava Bausünden zum Opfer fallen, wäre da nicht dieser eine Faktor, das kornischen Klima. Urlaubsgäste, egal welcher Nationalität, suchen vor allem Sonne. Spielwiesen gedeihen nicht im Regen. Lehmarbeiter, Steinhauer, Tinner, selbst Landwirte und Marktgärtner mögen zwar murren, schenken auffrischendem Wind und stetigem Nieselregen jedoch keine Beachtung. Fischer können aufs Meer hinausfahren, solange kein Sturm bläst, doch der Tourist, der in Shorts oder einem Baumwollkleidchen zittert, wird am Ende anderswo Trost suchen.

Unterdessen können die älteren Bewohner Cornwalls, die durch Geburt oder aus freien Stücken dazu geworden sind, von ihren Erinnerungen zehren. Wenn Buchten und Strände voller Eisverpackungen und Zigarettenschachteln, Hühneraugenpflaster und Kondome den Schwimmer entmutigen und der Lärm von Radios, Schnellbooten und bellenden Hunden die Luft verpestet, reise ich in Gedanken fünfundfünfzig Jahre zurück in das Jahr 1912 und sehe und höre ganz andere Dinge, grimmigere Anblicke und finsterere Klänge. Es ist ein Sommerabend, ich bin fünf Jahre alt und liege tief und fest schlafend neben meiner älteren Schwester im Bett in einem Haus in der Bucht von Mullion. Unsere Eltern sind, wie andere Urlauber vor und nach ihnen, vom Wetter entnervt nach Frankreich geflohen und haben uns vorübergehend der Obhut einer Gouvernante, einer Kinderfrau und eines Kindermädchens überlassen. Plötzlich werden wir geweckt, unsere Hüterinnen platzen zerzaust, lachend und aufgeregt gestikulierend in unser Zimmer, aller Anstand vergessen. Sie zerren uns aus dem Bett, werfen uns die Mäntel über die Nachthemden und drängen uns, Sandschuhe über die Füße zu ziehen. Was ist passiert? Ein Feuer, eine Überschwemmung? Was sollen die Rufe und das Geschrei vor unseren Fenstern? Sie drängen uns vom Haus zum Klippenrand, und dort hat sich ganz Mullion versammelt, man zeigt, ruft und starrt auf das aufgewühlte Wasser der Bucht hinunter. Gouvernante, Kinderfrau und Kindermädchen, die wie wir in Cornwall zu Besuch sind und sich im Allerheiligsten des Kinder- oder Schulzimmers noch nie die Hände an stinkendem Fisch schmutzig gemacht haben, schreien uns in die Ohren: »Die Sardinen sind da … die Sardinen sind da!«

Verwirrt, verängstigt, fasziniert starre ich vom Klippenrand auf etwas hinunter, das im nachlassenden Licht wie die leuchtende Unterwelt aussieht. Das Wasser besteht aus einer brodelnden Masse von Fischen, die zu entkommen versuchen, und die Männer am Ufer und in den Booten lachen und rufen etwas, wie auch die Wachposten auf den Klippen, und ein Stück von uns entfernt ruft jemand etwas mit hoher Stimme. Um mich zu beruhigen, schaue ich zu der Gouvernante auf, doch das Fieber hat auch sie gepackt, und ebenso die Kinderfrau und das Kindermädchen, und sie laufen mit uns über die Klippen auf den Rufenden zu, sie lachen und rudern mit den Armen, und das Haar der Gouvernante, das sie gewöhnlich zu einem Knoten festgesteckt trägt, fällt ihr lang über den Rücken. Meine Schwester ist überreizt und kurz davor, in Tränen auszubrechen. Ich bin aufgewühlt, weniger von der Szenerie vor und unter uns, als von dem außergewöhnlichen Benehmen unserer Mentorinnen. Liegt es daran, dass unsere Mutter, deren Wort Gesetz ist, weggefahren ist? Ist all diese wunderbare Verrücktheit ein Versuch zur Freiheit und zeigt, dass die Erwachsenen wie die Kinder Entkommen suchen?

Sardinen … Sardinen … Sardinen … Der primitive Tumult einer verrückt gewordenen kornischen Welt. Wir werden nicht mehr länger mit finsteren Blicken bedacht oder sind in unseren albernen Betten gefangen. Hier ist sie endlich, die Freiheit, die Unabhängigkeit, eine seltsame Ekstase, die es vorher noch nie gegeben hat und die die Entdeckung mit sich bringt, dass auch Gouvernante, Kinderfrau und Kindermädchen nicht unfehlbar sind. Ich laufe neben ihnen her und mache mich insgeheim über ihren Sündenfall lustig und bin doch plötzlich von wilder Freude erfüllt.

14
Schmuggler

Das Wort Schmuggel lässt vor dem inneren Auge allzu oft Bilder von Männern mit schwarzen Augenklappen entstehen, die Fässer mit Kognak und Rum in verborgene Höhlen schleppen. Wie König Artus, der mit seinen Rittern über das Moor nach Tintagel galoppiert, wird dieses Wort unmittelbar mit Cornwall in Verbindung gebracht, ungeachtet der Tatsache, dass Schmuggel an der englischen Küste überall üblich war. Der Wunsch, dem Gesetz ein Schnippchen zu schlagen entspricht einem elementaren menschlichen Bedürfnis, das bis in die Nebel der tiefsten Vergangenheit zurückreicht. Regeln, sagt man, sind dazu da, gebrochen zu werden, und selbst der ehrenvollste Mensch empfindet es als prickelndes Vergnügen, wenn es ihm gelingt, dank eines schlauen Einfalls die Obrigkeit hinters Licht zu führen.

Die Bewohner Cornwalls, die nie einfach zu lenken waren, erkannten die Möglichkeiten dieses Spiels schon im 12. Jahrhundert, als die Männer mit ihrer Zinnausbeute in die Münzstädte kamen und dort mit Rechtsanwälten, Kaufleuten aus London, Gewerbetreibenden und all den unbedeutenden kleinen Leuten zusammentrafen, die an diesem Geschäft ebenfalls einen Anteil abschöpfen wollten. Fiel das Preisangebot eher enttäuschend aus und der Tinner war ohnehin verschuldet, war es für ihn ein Leichtes, etwas von dem Zinn abzuzweigen, nachdem es zwar eingeschmolzen, aber noch nicht in die Münzstadt gebracht worden war, wo es später gewogen, gestempelt und verkauft wurde. Der Tinner hatte seine Kontakte: wandernde Kesselflicker und Hausierer, die einen vereinbarten Preis bezahlten und das Zinn dann im nächsten Hafen an Seeleute weitergaben, die es auf dem Kontinent verkauften. Das war eine Möglichkeit, sich in einem Gewerbe gegen Verlust abzusichern, das auch in den besten Zeiten ein Vabanquespiel darstellte.

Als der Zinnabbau in späteren Jahrhunderten zunahm, wurde auch diese Praxis ausgeweitet; an den Abbaustätten oder in den Minen kam es immer wieder zu Diebstählen. Hauptsächlich die ärmeren Tinner besserten so ihren Lohn auf, nachdem die Grundbesitzer das Geschäft an sich gerissen hatten. Die Diebe versuchten dann, ihre Beute an ausländische Seeleute loszuwerden oder mit dem Kapitän eines kornischen Schiffes handelseinig zu werden, das einen Hafen auf dem Kontinent anlief. Zwischen den Kriegen stellte dies für den Schiffseigner eine unkomplizierte Handelsform dar, das Zinn wurde geschickt unter der rechtmäßigen Ladung versteckt, die in der Bretagne, Portugal oder irgendwo im Mittelmeergebiet gelöscht wurde. Dann kehrten sie mit Konterbande wieder zurück – Kognak, Tee, Salz, Letzteres eine Notwendigkeit für die Sardinenfischer, die es hart traf, als in der zweiten Hälfte des 18. Jahrhunderts die Salzsteuer eingeführt wurde.

Schmuggel, oder Fairtrading, wie es in subtiler Unterscheidung hieß, fiel den Bewohnern Cornwalls leicht, da sich schon im 15. und 16. Jahrhundert viele der Küstenbewohner, besonders aus den Hafenstädten Fowey, Looe, Penryn on Fal und Penzance, als Piraten betätigt hatten. Auch hier spottet das Bild von der schwarzen Augenklappe und der Strumpfmütze einer Praxis, die in Wirklichkeit bis auf den Hundertjährigen Krieg zurückgeht, als die kornischen Häfen Transportschiffe bereitstellten, um die Plantagenet-Armeen über den Ärmelkanal zu bringen. Die Schiffseigner stellten fest, dass es ein lohnendes Geschäft war, französische Schiffe anzugreifen, sie zu entern, die Mannschaft zu überwältigen, die Ladung zu plündern und das Schiff entweder zu versenken oder als Trophäe mit nach Hause zu bringen.

Das Ende des Krieges bedeutete für diese Expeditionen kaum einen Unterschied: sie wurden fortgesetzt. Die Herren aus England, die nicht an der Seite Henrys V. in Agincourt gekämpft hatten, legten sich gewiss nicht zu Bett, zumindest nicht in Cornwall. Sie waren auf hoher See und behelligten französische Schiffe oder lauerten ihnen vor der normannischen Küste auf. Die Herren von Fowey, die für ihre marodierenden Einsätze Berühmtheit erlangten, wurden überlistet, als ihre Stadt 1457 während ihrer Abwesenheit von einer bretonischen Flotte überfallen wurde. Der Wohnsitz Thomas Treffrys, Place House, wurde von seiner Frau mutig verteidigt, während die halbe Stadt in Flammen stand.

Hundert Jahre später dauerten diese Schikanen immer noch an, doch dann waren nicht mehr die Franzosen, sondern die Spanier das Ziel. Damals entstammten die bedeutendsten Freibeuter der Familie Killigrew aus Arwennack on Fal, »Privateers« genannt, eine Bezeichnung, die wohlhabenden Herren verliehen wurde, die von der Regierung die Genehmigung hatten, im Kampf gegen den gemeinsamen Feind ihre privaten Schiffe einzusetzen. »Privateer« oder privat, der Unterschied war minimal. Freibeuterei war erlaubt, Piraterie hingegen wurde von der Obrigkeit missbilligt; vor dem Ausbruch des Spanischen Krieges ignorierten die Killigrews und andere kornische Herren jedoch diese Missbilligung und füllten ihre Vorratskeller zu ihrer großen Zufriedenheit mit spanischem Beutegut.

Nicht immer liefen die Dinge allerdings nach ihrem

Wunsch. Nach dem Spanischen Krieg übten andere Piraten Vergeltung. Piraten aus Algerien und Marokko, die professioneller vorgingen als die kornischen, fielen in Mount's Bay ein und terrorisierten die Einwohner von Penzance. Sie segelten sogar bis Looe den Kanal hinauf und kaperten allein in diesem kleinen Hafen achtzig Schiffe.

Während des Commonwealth und nach der Restauration hielt die wieder aufgebaute Marine Ausländer in Schach, und mit der Piraterie als lukrativer Beschäftigung war es für die kornische Bevölkerung vorbei. Freibeuter wurden zu Schmugglern. Die Schiffe, die zuvor die französischen und spanischen Küsten in Angst und Schrecken versetzt hatten, liefen nun mit freundlicheren Absichten auf der Suche nach Konterbande in ausländische Häfen ein. Das war ein Geschäft, ein Spiel, das mehr oder weniger jedem zusagte, ungeachtet der gesellschaftlichen Stellung. Der Tinner, der gerade eine Pechsträhne hatte, der Fischer auf der Suche nach Salz, der adlige Herr, der seinen Kognak schätzte, die adlige Dame, die sich gerne in Spitzen kleidete, selbst der Gemeindepfarrer, der häufig mit dem örtlichen Adligen verwandt war – jeder hatte auf seine Weise Anteil an dieser zweifelhaften und und nichtsdestotrotz wunderbaren Verhöhnung des Gesetzes. Die Notwendigkeit geteilter Risiken schmiedete ein Band zwischen den Parteien. Der Schiffseigner, sei es eines Handelsschiffs oder eines Fischerboots, musste auf dem Meer den Kuttern der Finanzverwaltung entkommen und seine Konterbande loswerden, ehe er in seinen Heimathafen zurückkehrte. Zwischen ihm und den ortsansässigen Fischern wurden Signale ausgetauscht. Kleinere Buchten und schmalere Meeresarme, von denen es entlang der kornischen Küste zahlreiche gibt, waren für diesen Zweck ideal geeignet, und wenn Wind, Gezeitenstand und Mondlicht passten, wurde zwischen dem Schiff und einem kleineren Boot in Küstennähe ein Treffen verabredet, um die Konterbande umzuladen. Dann lief das Handelsschiff in aller Unschuld seinen angestammten Hafen an, während seine Komplizen in dem kleinen Fischerboot die Ware an Land schafften.

Der nächste Schritt bei diesen Unternehmungen war vermutlich mit größeren Gefahren verbunden. Die Konterbande musste zunächst versteckt werden, nicht unbedingt in der unvermeidlichen Höhle wie in Romanzen und Sagen, sondern häufig in den Häusern und Vorratsräumen gefälliger Bürger, oftmals Kaufleute, denen Wagen zur Verfügung standen, Landwirte aus der Nachbarschaft oder sogar der örtliche Adlige, der über die passenden Keller verfügte. Wichtig war die Wahl des richtigen Zeitpunkts, denn die Steuereinnehmer waren ständig auf Beobachtungsposten. Sie mussten entweder umgangen oder auf eine falsche Spur gelockt werden, während die kleine Truppe ihre Ware von einem Versteck ins andere brachte, ehe sie später verteilt wurde.

Die Steuereinnehmer waren für Bestechung empfänglich. Der entgegenkommende Adlige war vielfach auch Ratsherr. Ehen zwischen den kornischen Familien, die soundso viele Familien in einem Dorf oder einem Pfarrbezirk zu Cousins machten, beförderten die Loyalität. Unter den Schmugglern galt ein Ehrenkodex, auf jeden Fall innerhalb der einzelnen Bezirke. Was weiter oben an der Küste in anderen Dörfern geschah, war eine andere Sache, denn Schmuggler arbeiteten in eng begrenzten Gebieten. Die einzigen Männer, die freiwillig von einem Bezirk in den anderen zogen, waren die Tinner, die in vielen solchen Eskapaden vermittelten.

Jeder Küstenhafen und jedes Fischerdorf hatte seinen Helden, auch wenn authentische Namen heute kaum noch festzustellen sind; denn die Verzweiflungstaten dieser Helden und die großen Schlachten zwischen der Polizei und ihren Widersachern, den Schmugglern, wurden in unzähligen Kamingeschichten von Familie zu Familie weitergegeben und im Lauf der Zeit oft übertrieben, beschönigt oder unwissentlich mit älteren Bräuchen noch aus der Piratenzeit verwechselt, oder auch mit legendären Ereignissen, die längst im Nebel der Zeit verloren sind.

Blütezeit des Schmuggels war das 18. Jahrhundert, als die industrielle Revolution den althergebrachten Lauf der Dinge durcheinanderbrachte. Mit Zinn oder Kupfer wurden Vermögen verdient oder verloren, die Gesellschaft teilte sich in Habende und Habenichtse, und die ärmeren Mitglieder waren schon froh, wenn sie sich irgendwie die Bäuche füllen konnten, während die, die ohnehin schon reich waren, nach immer größerem Reichtum gierten.

Cornwalls berühmtester Schmuggler war John Carter. Er wurde für sein Gewerbe sogar geehrt, und jeder wusste über ihn Bescheid. Seine Waren transportierte er zwischen der französischen Küste und seinem Haus über Prussia Cove, einem schmalen Meeresarm an der Mount's Bay östlich von Cudden Point. Er und sein Bruder Harry waren hartnäckige Verfechter von Disziplin und Ordnung; sie ließen keinem der Männer, die für sie arbeiteten, loses Benehmen durchgehen, und ihr Ruf als ehrenwerte Männer war so gut, dass sie von den Steuereinnehmern mit Respekt behandelt wurden, die erklärten, sie nähmen nur, was ihnen zustehe. John Carter betrieb ein Wirtshaus, das »King of Prussia«, und lagerte die Konterbande in seinen Fischkellern in den Klippen unterhalb des Gasthofs. Um Eindringlinge abzuwehren, brachte er dort eine Batterie Sechspfünder in Stellung und feuerte sie eines Tages gegen eine Kriegsschaluppe der Marine, die *Fairy*, die sich für seinen Geschmack etwas zu nahe an die Küste herangewagt hatte. Das erwies sich als sein Niedergang, denn der Kommandant der Schaluppe schickte seine Männer an Land, um die Batterie zu zerstören. Dennoch herrschte der King of Prussia, wie er von seinen Freunden nach seinem Gasthof genannt wurde, noch bis ins Jahr 1807.

Ein weiterer wohlbekannter Schmuggler war Wellard. Sein Schiff, die »Happy-Go-Lucky«, transportierte nicht nur Konterbande, sondern war obendrein bewaffnet. Er war deshalb den Steuereinnehmern ein Dorn im Auge und wurde zum Gesetzlosen erklärt. Wellard schwor, sich niemals lebend gefangennehmen zu lassen und entging monatelang seiner Verhaftung, indem er weit draußen vor der Küste segelte oder sich in der Nähe der französischen Küste aufhielt. Als Samuel Pellow, seines Zeichens Zolleintreiber in Falmouth, seine Stelle antrat, musste er es mit der »Happy-Go-Lucky« und sechs anderen Schmuggelkuttern, dazu noch mit einigen Loggern aufnehmen, einer ganzen Flotte, die gemeinsam über sechsundfünfzig Geschütze verfügte. Er überraschte sogar einige seiner Beamten, als sie am helllichten Tag halfen, eine Ladung Wein zu transportieren, so sehr war die Korruption damals unter den Steuereinnehmern verbreitet.

Die »Happy-Go-Lucky« begegnete 1786 ihrem Schicksal. Als sie westlich von Lizard Point vor der Insel Mullion vor Anker lag, wurde sie eines Morgens von zwei Kreuzern überrascht. Die Mannschaft kappte die Leinen und versuchte, aufs Meer zu flüchten, doch nach einer heftigen einstündigen Schlacht waren Wellard und sein Kamerad tot und zwölf seiner Mannschaftsmitglieder verwundet, die Übrigen ergaben sich. Das Schiff des Gesetzlosen wurde in Schlepptau genommen und nach Falmouth gebracht, die Mannschaft in Pendennis Castle gefangen gehalten. Die

Männer waren noch immer nicht endgültig besiegt, und wohl wissend, dass die zivile Wache im Schloss schwach war und man zur Verstärkung aus Plymouth eine Kompanie Soldaten gerufen hatte, gelang es ihnen, vor Eintreffen der Soldaten auszubrechen und auch diejenigen ihrer verwundeten Kameraden zu retten, die man in der Stadt untergebracht hatte – alle mit Ausnahme eines einzigen, der nach London ins Gefängnis Newgate gebracht worden war und dort verurteilt werden sollte.

Ein weiterer, eher fragwürdiger Charakter war Cruel Coppinger, Wrackplünderer, Pirat und Schmuggler, dem nachgesagt wurde, die Nordküste zwischen Marsland Mouth und Bude Bay zu tyrannisieren. Hochwürden R.S. Hawker, Pfarrer zu Morwenstow, beschrieb seine Heldentaten in Reim und Prosa, war jedoch als Romanschriftsteller erfolgreicher denn als Historiker, und obwohl Gull Rock bei Marsland Mouth immer noch als der Ort gilt, wo Copinger die heimische Küste für immer hinter sich ließ, indem er, das Entermesser in der Hand, seinem wartenden Schiff signalisierte, die Mannschaft solle durch das brodelnde Meer an Land rudern, um ihn an Bord zu holen, weist diese Geschichte Elemente einer Legende auf, die bis ins 17. Jahrhundert und über die Grenze nach Devon zurückreicht.

Auf der gegenüberliegenden Seite der Halbinsel, in Polperro an der Kanalküste, war jeder Dorfbewohner als Schmuggler tätig, ohne einen Gedanken an die Unehrenhaftigkeit oder Schande zu verschwenden, die damit verbunden war. Der Schmuggel gehörte zum Alltag, und jeder hatte daran seinen Anteil, Fischer, Schmied, Landwirt und selbst der Steuereinnehmer. Zu diesem Zweck wurden in Werften auf Consona Rocks und dem Peak oberhalb des Hafens Schiffe gebaut, und eines dieser Schiffe war so erfolgreich, dass es fünfhundert Fahrten zum Kontinent absolvierte und dabei Konterbande beförderte.

Polperro war im 18. Jahrhundert kaum mehr als ein Einschnitt zwischen den Klippen, mit ein paar Häusern, die sich am Rand des Hafenbeckens aneinanderdrängten, und einem tief eingegrabenen, kurvenreichen Tal dahinter. Ineinander verschachtelte Cottages und Fischkeller boten hervorragende Verstecke für verbotene Waren, und wenn den Steuereinnehmern Gerüchte zu Ohren kamen, dass es in der Nacht zuvor einen Etmal, eine »Fahrt«, gegeben habe, war es für sie keine angenehme Aufgabe, in das Tal hinabzusteigen und dort einer Bande wütender Dorfbewohner gegenüberzustehen, von denen viele bewaffnet waren. Als den Steuereinnehmern eines Tages zu Ohren kam, dass in einem bestimmten Keller über Yellow Rock zahlreiche Kognakfässer gelagert wurden, marschierte eine Truppe von ihnen von Fowey in das neun Meilen entfernte Polperro. Vor dem verdächtigen Keller wurden sie von einer bewaffneten Schmugglerbande bereits erwartet, die geladenes Geschütz auf sie gerichtet hielt, feuerbereit, sollte der Anführer das Signal dazu geben. Die Steuereinnehmer hielten es für angebracht, sich zurückzuziehen und Verstärkung zu holen, doch als sie in größerer Mannschaftsstärke zurückkehrten, um den Keller zu stürmen, waren die Fässer verschwunden, obwohl ein paar Wachen den Keller die ganze Zeit über im Auge behalten hatten.

Wahre Ereignisse wie dieses, die vom Vater an den Sohn weitergegeben wurden, führten in späteren Jahren zu zahllosen Geschichten über Geheimgänge, die Keller mit Buchten und Farmhäuser mit Höhlen verbanden. Entlang der kornischen Küste wurden diese Geschichten tatkräftig am Leben gehalten von den romantischen Nachfahren derer, die in der Vergangenheit dieser zweifelhaften und gefährlichen Beschäftigung nachgegangen waren.

Schmugglern, die ihre Mannschaften bewaffneten und Geschütze auf ihre Schiffe montierten, konnte kaum ein Vorwurf gemacht werden, denn sie wurden während der napoleonischen Kriege von der Regierung dazu ermutigt und als Privateers eingesetzt, um den Feind zu stellen und ihn in einen Kampf zu verwickeln. Wie es schien, war es für die hartgesottenen Kapitäne dieser Schiffe und ihre abenteuerhungrigen Mannschaften die natürlichste Sache der Welt, diese Waffen auch zwischen den Kriegen einzusetzen, wenn sie beim Transport von Konterbande von den Beamten der Steuerbehörde gestellt wurden.

Die »Lottery« aus Polperro war ein allseits bekannter und für seine seglerischen Qualitäten berühmter Logger, dem es eines Tages gelang, sich in Whitesand Bay östlich von Looe dem Aufbringen zu widersetzen. Zwischen der »Lottery« und dem Schiff der Steuereinnehmer kam es zu einem Schusswechsel, in dessen Verlauf ein Steuereinnehmer getötet wurde. Daraufhin erließ die Obrigkeit den Befehl, jedes Mitglied dieser Schiffsmannschaft festzunehmen, sobald es an Land käme. Die Männer waren wochenlang flüchtig, besuchten ihre Familien verstohlen bei Nacht und Nebel, bis einer von ihnen, Roger Toms, um seine eigene Haut zu retten und obendrein die Belohnung zu kassieren, zum Informanten wurde. Er stellte sich und erklärte, der tödliche Schuss sei von Tom Potter, einem seiner Kameraden, abgefeuert worden. Sobald dieser Verrat ruchbar wurde, waren sich die Einwohner Polperros einig, Tom Potter vor der Obrigkeit zu verstecken und Roger Toms aus dem Land zu schaffen, damit er nicht zum Kronzeugen werden konnte. Die Steuereinnehmer, die wussten, was dem Informanten zustoßen konnte, hielten ihn in

Polruan gegenüber Fowey auf ihrem Kutter fest. Potters Freunde überzeugten seine Frau jedoch, sich in Polruan mit ihrem Mann zu treffen und ihn zu überreden, ungefähr eine Meile vor das Dorf zu kommen, wo sie ihm im Schutz der Dunkelheit auflauerten und ihn auf ein Boot brachten, das nach Guernsey segeln sollte.

Die Schmuggler glaubten sich damit in Sicherheit, da Toms von seinen Informationen in Guernsey keinen Gebrauch machen könne. Unglücklicherweise wurde er jedoch aufgespürt und nach Plymouth zurückgebracht, während zur selben Zeit eine Abordnung Soldaten nach Polperro marschierte und den glücklosen Tom Potter in seinem Cottage überraschte, das, im Gegensatz zu denen seiner Nachbarn, keine Hintertür hatte, die zu den Hügeln führte. Er wurde nach London gebracht und beteuerte dort seine Unschuld, wurde dennoch in Old Bailey wegen Mordes verurteilt und gehängt. Die Einwohner Polperros beharrten weiterhin auf seiner Unschuld und dass Roger Toms von Anfang an aus Bosheit gehandelt habe. Ob dies zutraf oder nicht, wurde niemals bewiesen, doch Roger Toms wagte es nie mehr, noch einmal einen Fuß auf kornischen Boden zu setzen und starb viele Jahre später als Diener im Gefängnis von Newgate. Das Gedächtnis ist lang, und der Name Roger Toms galt für alle Zeit an der kornischen Küste als Inbegriff von Verrat.

Als 1856 der »Coastguard Service Act« verabschiedet und die Küstenwache in England der Kontrolle der Admiralität unterstellt wurde, kam der Schmuggel faktisch zum Erliegen. Seine große Zeit war vorbei. Die kornische Bevölkerung war inzwischen größtenteils so diszipliniert, derlei Abenteuern aus dem Weg zu gehen. Seit drei Generationen war sie zum Methodismus und einer strengeren Beachtung der Gesetze erzogen worden, gemäß denen sonntags etwas zu unternehmen oder gar in den heimischen Gewässern zu fischen oder sich auf der Suche nach anderer Beute aufs offene Meer hinaus zu begeben, einer Schande und einem Vergehen gegen das Wort Gottes gleichkam. Respektabilität galt alles. Königin Victoria saß auf dem Thron. Teils wegen der verbesserten Verkehrswege, teils wegen des Aufkommens der Eisenbahn, des Erstarkens der Gerichte und der Einsetzung eines Dorfpolizisten, schien die Sache der Mühe nicht mehr wert zu sein. Schmuggel war etwas, auf das man seufzend und kopfschüttelnd zurückblickte, dessen harte Realität aber von einem seltsamen, mythischen Charme gemildert wurde, wie er bei der Schilderung vergangener oder aussterbender Abenteuer oder der Heldentaten alter Menschen, die früher einmal jung gewesen sind, gerne entsteht.

Der moderne Schmuggler, der mit ein paar Kognakflaschen, die er in den Schränken seiner Kabine versteckt hat, von einem Yachtausflug zum Kontinent zurückkehrt, ist eine weniger romantische Gestalt als der Schmuggler in früheren Tagen; sein Tun ist eher dümmliches Getue, um die Erwerbssteuer zu umgehen und seine gut gepolsterten Taschen zu schonen. Kein Kutter der Steuerbehörde ist ihm auf den Fersen oder kreuzt vor der Küste, um ihm den Heimweg abzuschneiden. Von seinem Bug aus wird kein Warnschuss abgegeben und von einem Zwölf-Pfund-Geschütz beantwortet, es gibt keine Entermannschaften, die mit Schwert und Messer bewaffnet an Bord kommen und Unterwerfung fordern und hitzig empfangen werden. Diese Gefahr gehört der Vergangenheit an. Die Strafe, wenn er bei Ankunft im Hafen erwischt wird, besteht aus dem Konfiszieren der Beute und einem Bußgeld, das er sich sehr wohl leisten kann. Die Zollbeamten Mitte des 20. Jahrhunderts sind hinter größeren Fischen her – Drogenhändlern auf Flughäfen, Diamantendieben, internationalen Betrügerbanden, die mit allem handeln, vom Heroin bis zu Schweizer Uhren.

In Hunderten von schmalen Buchten entlang der kornischen Küste mit ihren anspielungsreichen, alten Namen, deren Ursprung längst vergessen ist – wie Bessy's und Stackhouse Cove, Brandy Cove und Lucky Hole –, ist das verstohlene Knirschen eines Boots, das um Mitternacht dort landet, das leise Stimmengemurmel und die Schritte, die den Klippenpfad hinaufsteigen, nicht mehr länger zu hören. An Sommertagen picknicken dort Urlauber, Kinder paddeln in den Tidentümpeln umher und erkunden die leeren Höhlen. Das Geheimnis ist nicht mehr.

An Winterabenden, wenn vorüberziehender Nebel alles zum Schweigen bringt und sogar das Meer verstummen lässt, wirken der verhangene Umriss einer Felskuppe, die aus dem Wasser ragt, oder ein kahler Stechginsterbusch, der sich an den Klippenrand klammert, für einen kurzen Augenblick wie die Gestalt eines Menschen, der in Erwartung eines Signals dort kauert. Phantomgestalten bevölkern die Buchten, und das Wispern nimmt zu. Überall regen sich Schatten. Dann stößt eine einsame, schwarzrückige Möwe einen Warnschrei aus und stürzt sich aufs Wasser. Nichts hat sich verändert, lediglich die Geister und Gespenster sind nicht mehr.

15
Das Wo und Wann

Was hält die Zukunft für Cornwall bereit? Wird es tatsächlich zur Spielwiese ganz Englands, mit Chalets und Ferienparks auf jeder Landzunge, ungeachtet der Bemühungen der Planungsbehörden und des National Trust, die Küste zu bewahren? Institutionen, die in jeder verbreiterten Straße und jeder geräumten Kaimauer einen Fortschritt erkennen, der Raum für mehr Autos, mehr Vergnügungsparks, Bingohallen, Kegelbahnen und Tanzclubs schafft, die dann auf den Grundstücken errichtet werden, auf denen früher Reihenhäuser und Cottages standen, gelingt es, großen Druck auszuüben. Es gibt eine Nachfrage nach diesen Dingen, heißt es, die muss befriedigt werden. Cornwall ist vom Tourismus abhängig, und wenn der Tourist keine Attraktionen wie in Blackpool oder Southend vorfindet, überquert er den Tamar kein zweites Mal, sondern wird anderswo Kunde.

Besucher mit bescheidenerem Einkommen, die früher Jahr für Jahr nach Cornwall kamen, weil dort abseits überfüllter Strandorte andere Ferien geboten wurden, waren damit zufrieden, auf einer Farm, in Gasthäusern, Pensionen oder ruhigen Hotels zu wohnen und Land und Klippen zu Fuß zu erkunden oder in Buchten und an unberührten Stränden zu picknicken, die von solchen Genüssen wie Transistorradios, Plastikverpackungen und zerbrochenen Flaschen unberührt waren. Heute sind diese Besucher enttäuscht und bleiben der Halbinsel fern. Ihre Anwesenheit wird auch nicht vermisst.

Jahr für Jahr wirft die kornische »Spielwiese« Probleme auf, mit denen niemand rechnete, als der Treck nach Südwesten begann. In Devon werden die Autos auf ihrer Reise oft stundenlang aufgehalten und warten Stoßstange an Stoßstange, um auf die Halbinsel vorgelassen zu werden. Wenn sie dann die schmaleren, vielfach kurvenreichen Straßen erreichen, wo häufig Hecken die Sicht versperren, riskieren die Fahrer, die das unter diesen Umständen erforderliche langsamere Fahren nicht gewöhnt sind, einen Frontalzusammenstoß. Allzu oft erleben sie ihn auch.

Das Meer vor der kornischen Küste, besonders vor der Nordküste, ist bei bestimmten Gezeitenständen gefährlich. Das Bad in den Wellen ist seit vielen Jahren ein Sport, dem die, die die Gefahr kennen, mit Vergnügen huldigen, doch der moderne Tourist, der in einem städtischen Schwimmbad ein Dutzend Schwimmzüge gelernt hat, stürzt sich in diese atlantischen Brecher, ohne eine Ahnung von ihrer Gewalt zu haben und häufig, ohne auf die Signalflaggen zu achten. An den Stränden tun die Rettungsdienste, was in ihrer Macht steht, doch eine Handvoll ausgebildeter Männer kann nicht über Hunderte Urlauber gleichzeitig wachen. Noch können die Hafenmeister, die einheimischen Bootsführer, die Schlepperkapitäne und all die anderen jedes überfüllte Boot im Auge behalten, das sich unter der Führung von Besuchern aufs Meer hinauswagt, die ihr Schiff höchstens in absoluter Windstille handhaben können.

Der Autofahrer, der mit fünfzig Meilen eine schmale kornische Straße entlangrast, hält sich für kompetent, wenn er sein Boot mit Vollgas durchs kabbelige Wasser steuert, und ist überrascht, wenn es vollläuft oder kentert. Nach dieser Lektion beschließt er am nächsten Tag, das Meer Meer sein zu lassen und stattdessen auf eine Klippe zu klettern. Wieder geschieht ein Missgeschick. Ihm wird von der einlaufenden Flut der Weg abgeschnitten, da er vergessen hat, sich nach den Gezeiten zu erkundigen und mutig eine

Wand erklimmen will, die für einen erfahrenen, hochalpinen Bergsteiger eine Herausforderung darstellen würde. Natürlich bleibt er auf halber Höhe stecken, falls er nicht den Kopf verliert und in den Tod stürzt. Er wird aus der Ferne beobachtet. Die Küstenwache wird gerufen, schwebende Hubschrauber, eine ganze Truppe eilt zu seiner Rettung.

Bevor Cornwall endgültig in eine Spielwiese umgewandelt wird, wird man auf diejenigen Rücksicht nehmen müssen, die sich einer Belehrung widersetzen, und das ist eine sensible Angelegenheit, selbst wenn die Gans goldene Eier legt. Der Besucher, der dem Land echte Wertschätzung und wahren Respekt entgegenbringt, angefangen bei der gewaltigen See und den hoch aufragenden Klippen bis zu den windgepeitschten Landspitzen und den bislang noch nicht überfüllten Buchten, könnte helfen, diese Dinge zu retten, die er so sehr genießt – er müsste sich jedoch stärker zu Wort melden. Es wird eine Zeit kommen, wenn das Land dem massiven Ansturm zur Hauptferienzeit im August und dem etwas geringeren im Juni und Juli nicht mehr länger Herr werden kann. Wanderer, die nicht im Voraus gebucht haben, werden keine Unterkunft mehr finden, ein vorübergehender Zusammenbruch der Versorgung wird eine gewisse Panik auslösen, außergewöhnliches Wetter, sei es Hitze oder Regen, die Leute zum Übernachten an den Strand verbannen oder sie sich in ihren Autos aneinanderdrängen lassen, und dann ist der Kampf erklärt. Nicht der Kampf zwischen den unglücklichen Touristen, die, trauriger und klüger als vor dem Betreten der Halbinsel, irgendwann wieder den Heimweg antreten, sondern zwischen denen, die Cornwall für die Nachwelt bewahren wollen, und jenen, die das nicht wollen.

Die harte Wahrheit lautet, dass die Bewahrer nicht immer auf der Halbinsel geboren, sondern allzu oft Bildhauer, Künstler, Schriftsteller, Kunsthandwerker sind, im Verein mit den Alten, den Rentnern, den Menschen, die gekommen sind, um Wurzeln zu schlagen; während ihre Gegner, Neuankömmlinge jüngeren Datums, einen spekulativen Blick auf Küste und Landschaft werfen. Die kornische Bevölkerung, deren Zukunft und Lebensweise davon abhängt, was aus ihrem Land wird, steht den Wucherungen und der Veränderung im Allgemeinen gleichgültig gegenüber. Die Wörter Fortschritt, Modernisierung, Zukunftsentwicklung klingen ihnen so oft in den Ohren, dass sie synonym sind mit vielem, das übereilt und hässlich ist, ihnen aber auch Gutes bringt. Sie haben das Gefühl, sich anpassen zu müssen, wenn es das ist, was die Welt Mitte des 20. Jahrhunderts ausmacht; die harten Zeiten früherer Jahre, als so viele ihrer Vorfahren zur Auswanderung gezwungen waren, sind unvergessen. Besser die Invasoren freundlich aufzunehmen, egal in welcher Funktion, vorausgesetzt, der Lebensunterhalt ist gesichert, als alles einzupacken und in einem anderen Land neu anzufangen, wo der Wettbewerb vielleicht noch wesentlich härter ist.

Die unbeirrbare Gruppe kornischer Nationalisten der Partei Mebyon Kernow würde am liebsten ins andere Extrem verfallen: die Leute in schwarze Kilts stecken, das alte Kornisch sprechen und westlich des Tamar ein Parlament einrichten. Eine idyllische Vision, jedoch kaum praktikabel. Dem Ansturm mag man damit etwas entgegensetzen, doch die Menschen müssen von etwas leben. Wenn sie ihre aufrichtige Begeisterung darauf verwenden würden, Mittel und Wege zu finden, um die kornische Individualität und Unabhängigkeit zu erhalten, die Küste und die Landschaft unverdorben zu bewahren und die Menschen in Vollbeschäftigung zu bringen, würden sie mit der Zeit vielleicht ein größeres Wunder vollbringen als die Wiedereinführung einer alten Sprache, der es nie, nicht einmal in der Vergangenheit, gelungen ist, eine lebendige Kultur zu schaffen.

Schriftsteller, Künstler, Schauspieler tun, was sie können, um Interesse an den Künsten zu wecken; das spektakuläre Freilufttheater, das Minnack Theatre in Porthcurnow, ist ein Beispiel für ihren Elan. Gruppen in St. Ives, Newlyn und in anderen Zentren, die ihrer Umgebung schon seit Langem oder auch erst neuerdings verbunden sind, geben großzügig zurück, was Cornwall ihnen an Inspiration gegeben hat, doch vom Mainstream halten sie sich fern. Wie bei Mebyon Kernow und den Söhnen Cornwalls handelt es sich um Enthusiasten, die etwas schaffen und, je nach Begabung, unterweisen oder unterhalten wollen; doch sie sind eine Minderheit, die sich mit Haut und Haaren der Tätigkeit ihrer Wahl verschrieben hat.

Diesem Massenansturm, der das Land alljährlich für acht Monate in eine Brache verwandelt, können nur die Industrien, die Cornwall einst berühmt gemacht haben, etwas entgegenhalten: Zinnabbau, Steinbruch, Bootsbau, Fischerei, Ingenieurwesen, Porzellanerdegewinnung – die beiden Letzteren blühen und sind eine Inspiration für all diejenigen, die dazu eine Beziehung haben –, gemeinsam mit anderen, neueren Industriezweigen, für die jüngere Männer und Frauen ausgebildet werden könnten. Wenn man an Hayle denkt mit seinem Kraftwerk, den alten Eisengießereien und den schwenkenden Kränen, und sich weiter im Nordosten den Lichtern der Industrien von Camborne und Redruth nähert, geschieht das mit einem Gefühl des Erstaunens und der Erregung und in dem Wissen, dass hier der kornische Handel einst seinen Anfang nahm, und dass dic Landschaft, so sehr sie auch mit sich immer weiter ausbreitenden Dörfern und Städten durchsetzt ist, zwar unschön und rau sein mag, in der Geschichte aber seit Anbeginn arbeitenden Menschen eine Heimat bot. Als in der Vergangenheit die Nachfrage nach Zinn zurückging und Minen stillgelegt wurden, sah man hier allzu oft Szenen von Armut und Not. Heute, Mitte der sechziger Jahre des 20. Jahrhunderts, ist die Hoffnung zurückgekehrt. Junge Männer, deren Väter und Großväter arbeitslos und verstoßen zwischen Camborne und Redruth an der Straße standen, strömen in Camborne aus der Bergwerksschule oder den Industriehallen der Gebrüder Holman, während die stattliche South Crofty Limited, eine von zwei überlebenden Zinnminen, heute einen höheren Produktionszuwachs und Gewinn ausweist als in den vergangenen sechzig Jahren.

Welch ein Triumph für Einfallsreichtum und moderne Planung, sollte dieses kornische Land in der nächsten Dekade eine starke Wiederbelebung des Zinn- und Kupferhandels erfahren, sodass die alten Erzvorkommen, dieses älteste Erbe der kornischen Bevölkerung, von den Märkten in aller Welt nachgefragt würde, wie die Porzellanerde weiter nördlich, die von Pal und Fowey aus ins Ausland verschickt wird. Vielleicht ist es sogar möglich, den allmählich einsickernden Sand in der Hayle-Mündung aufzuhalten und die Fahrrinne zu vertiefen, um Hayle wieder in einen florierenden Hafen zu verwandeln.

Das bedeutet nicht, Cornwall in ein schwarzes Land mit qualmenden Schornsteinen, Betonfabriken und grauen Slums zu verwandeln. Visionen und eine sorgfältige Planung wären notwendig, bereits bestehende Städte könnten erweitert und den Anforderungen angepasst werden und den dort wohnenden Menschen Arbeit bieten. Weitblickende Architekten wären notwendig, die diese wichtigen Orte erbauen oder erneuern, die Anfang des 20. Jahrhunderts allzu oft unter Planungen zu leiden hatten, die weder Ausgewogenheit noch Anmut im Blick hatten.

Die Küste, die landwirtschaftlichen Nutzflächen und Moorgebiete könnten verschont bleiben, und um sie für alle Zeiten zu bewahren, könnte man ausgewählte Regionen zu Nationalparks erklären. Die hohen Felstürme, das wunderbare, meilenweite, leere Land könnte zu Pferd oder zu Fuß erkundet werden von Menschen, die eine Vorliebe haben für unberührte Natur. Ornithologen und Wildpflanzensammler würden dort ihre Freizeit verbringen, Jung und Alt, die ihr Durchhaltevermögen testen wollen, der Einzelgänger, der zufrieden ist, einfach zu wandern. Diese Menschen mit ihren Interessen, die in Zeiten der Eile und Unruhe allzu häufig ignoriert werden, würden in Cornwalls Nationalpark den Frieden finden, nach dem sie sich sehnen.

Ein weiteres Feld für die Forschung – und nicht das unwesentlichste – betrifft die Hügelgräber und Grabstellen, die unsichtbaren Dörfer und – wer weiß? – vielleicht Paläste und Städte, die in der kornischen Erde vergraben sind. Dem Fernsehen sei Dank für das neuerwachte öffentliche Interesse an der Archäologie. Der Artus der Sage bereiste viele Länder, der Artus der Geschichte oder vielmehr seine Festungsanlagen und Behausungen in Cornwall, Somerset und Wales müssen erst noch gefunden werden.

Spekulanten, die bisher mit Vergnügungsparks und Spielhallen Gewinn zu machen versuchten, wären dann vielleicht daran interessiert, auf vielversprechendem Gelände archäologische Ausgrabungen zu unterstützen. Das Ergebnis könnte eine ausgedehntere Suche und die allgemeine Rekonstruktion der Vergangenheit auf den freigelegten Flächen rechtfertigen. Wer vermag schon zu sagen, ob auf den Höhen von West Penwith nicht schon seit über dreitausend Jahren ein Mykene en miniature unter Grasland und Granit schlummert? Ob nicht minoische Schiffe im Sand der Hayle-Mündung versunken sind? Ob nicht goldene Dolche und blanke Schwerter neben der Straße liegen, die über den kornischen Höhenrücken verläuft, und nicht schon lange unter einem Haufen Geröll über einem Sumpf im Moorgebiet ein winziges Figürchen der Schlangengöttin höchstselbst?

Phantasie, vielleicht, auf den Onkel zurückzuführen, der im Flussbett des Wye nach Shakespeares Manuskripten suchte, aber nicht unmöglich. Jene Mittelmeervölker, die nach Westen fuhren und auf die zerklüftete kornische Küste stießen und dem harten Winter trotzten, schlugen hier ihre Zelte auf und weilen noch immer unter uns, tief in der Erde, zwischen den Erzvorkommen, nach denen sie suchten. Welch ein Glanz, wenn Cornwall bis zum Jahr 2000 der Welt nicht nur neugefundenes Zinn und Kupfer im Übermaß, sondern auch die reichen, bisher unvermuteten Funde einer geschichtsträchtigen Vergangenheit präsentieren könnte!

Das Untergegangene Land von Lyonesse ist vielleicht keine Legende, fadentief zwischen den Scilly-Inseln und Land's End, sondern existiert tatsächlich unter unter unseren Füßen. Doch auch wenn es keine Entdeckungen gibt, kein Klingen von Spaten auf Stein, mit dem längst verfallene Mauern freigelegt werden, kann der Name selbst als Metapher dienen und als Inspiration für die kornische Jugend. Dies ist ihr Land, das vor langer Zeit von mutigen Männern entdeckt wurde, die eine Zivilisation mitbrachten, die unübertroffen ist. Diese Männer waren jung, denn eine Reise über das unbekannte Meer war damals kein Zeitvertreib für die Alten; die Männer waren von leidenschaftlichem Entdeckungsdrang getrieben, der sie fern von ihren eigenen Küsten weit aufs Meer hinaus führte. Und als sie zum ersten Mal die zerklüftete kornische Küste erblickten, die damals wie heute furchteinflößend ist, von Felsen umschlossen und von blauem Meer umgeben, in dem sich eine hellere Sonne spiegelte als die, die wir heute kennen, mögen sie gedacht haben, sie hätten die ihnen bekannte Welt umsegelt, und eine weitere minoische Klaue.

Der Strand, auf dem ihre Boote anlandeten, die Windungen der Flussmündung, die kahlen engen Buchten unterhalb des Hochlands, die allzu rasch von den schnellfließenden Gezeiten überspült wurden, bewiesen ihnen bald, dass sie sich irrten. Es war kein vertrauter Landfall, sondern ein erstaunlicher, seltsamer Ort, wo das blasse Licht noch lange nach Sonnenuntergang verharrte, bis es in einem Dunstschleier dahinschwand, wenn der Wind sich drehte. Sie fühlten sich nicht entmutigt, sondern blieben, beziehungsweise kehrten wie Zugvögel in ihre Ursprungsländer zurück, um die Nachricht zu verbreiten.

Dieses verwegene Rennen der Seefahrer und all jener, die ihnen mit brennendem Forschergeist folgten, Steine klopften, die Erde aufbrachen und mit ihrer Kraft und ihrem Mut jenes Cornwall schufen, das ihre Nachfahren kannten und bis heute kennen.

Das ist Lyonesse, in der Sage vielleicht untergegangen, aber nicht in Wirklichkeit, das auf andere Forscher dieses Kalibers wartet, um neue Sagen und neue Fertigkeiten auszubilden. Cornwall ist kein Lotosland für Nichtstuer, die in Träumereien über vergangene Tage schwelgen, und bis zum heutigen Tag haben die Menschen in Cornwall ein leichtes Leben verachtet. Männer, die über Jahrhunderte mit Fels und Kies, Sand und Stein vertraut waren, fühlen sich in der Fabrik nicht ohne weiteres wohl. Wenn sie dennoch dort tätig sind, setzen sie ihre alten Fähigkeiten ein; Fischer hingegen, die früher in langen Winternächten vor der Küste segelten, den immer höher werdenden Wellen und peitschendem Regen trotzten, schauen unglücklich drein, wenn sie im Sommer ein mit Touristen vollbesetztes Vergnügungsschiff steuern, das bis zum Dollbord im Wasser liegt.

Ein großer Sohn Cornwalls, Arthur Quiller-Coach, der berühmte »Q«, schrieb einmal: »Ich für meinen Teil würde als Mann Cornwalls lieber den alten, unabhängigen Geist der kornischen Söhne bewahrt sehen; denn leider ist bewiesen, dass jedes Volk, das sich daran macht, den Fremden und die Touristenschwärme auszubeuten, sich dem großen Risiko aussetzt, seine Männlichkeit zu verlieren; und da ich selbst lieber arm wäre, als mich unterzuordnen, sähe ich es auch bei meinen Landsmännern lieber, sie wären arm, als dass sie sich unterordnen.«

Das sagte er in den dreißiger Jahren. Heute, im neuen Zeitalter wissenschaftlicher Entdeckungen und technischen Fortschritts, kann und muss Armut überwunden werden. Dieser Herausforderung kann man begegnen, denn als die ersten Invasoren zwischen Gestrüpp und Granit sesshaft wurden und das kornische Volk begründeten, vererbten sie ihren Söhnen Zähigkeit und Ausdauer sowie die Fähigkeit, schweren Zeiten, Hunger, Armut und Kälte standzuhalten, und den Willen, all diese Heimsuchungen zu überwinden.

Ungefähr vier Jahrhunderte sind vergangen, seit kornische Männer 1549 in Rebellion gegen das Allgemeine Gebetbuch in Massen über den Tamar marschierten. Invasoren kamen allzu oft von Osten nach Westen. Das letzte Mal, dass die kornische Bevölkerung drohte, den Tamar zu überqueren, war unter der Herrschaft James' II., als Bischof Jonathan Trelawny aus Trewlane im Osten Cornwalls im Tower gefangen gehalten wurde, weil er gegen die Erklärung protestiert hatte, die den Katholiken Toleranz bei der Ausübung ihres Glaubens garantierte. Der Bischof, ein halsstarriger Mann, ließ sich lieber vor Gericht stellen und möglicherweise exekutieren, statt seine Prinzipien zu verraten. Seine Popularität war so groß, dass seine kornischen Landsleute, die sich kein Iota um seine Prinzipien scherten und bereit waren, bis zum Tod zu kämpfen, um ebendiese zu verteidigen. Einige von ihnen diskutierten ernsthaft, ob sie nach London marschieren und Trelawnys Entlassung fordern sollten. »Und, soll Trelawny sterben?«, wurde im ganzen Land zum Schlagwort, und die Antwort: »Hier sind zwanzigtausend kornische Männer, die wissen wollen, warum!«

Glücklicherweise wurde dieser große Marsch nach Osten nie notwendig. Trelawny wurde freigesprochen und aus der Gefangenschaft entlassen, und als Wilhelm von Oranien kurz darauf in England landete, war Trelawny einer seiner Unterstützer, wurde Bischof von Exeter und später von Winchester. Er starb 1721, geehrt und geachtet, und sein Leichnam wurde in seine Heimat Pelynt zurückgebracht und dort begraben.

Nur wenige denken heute noch an diesen willensstarken Bischof, mit Ausnahme einiger Hundert kornischer Exilanten, die mit den Füßen stampfen und »The Song of the Western Men« anstimmen, wenn sie fern der Heimat in Südafrika, Australien, Kanada, Neuseeland und anderen Ländern zusammenkommen, um das Land ihrer Herkunft zu grüßen. Trelawny war für Exilanten und noch vor einer Generation auch für die kornischen Bewohner ein Symbol des Widerstands und der Solidarität. Parson

Hawker, der Pfarrer von Morwenstow, komponierte die Ballade auf dem Sir Bevil's Walk im Wald von Stowe, ein äußerst passender Ort, um sich inspirieren zu lassen. Falls zukünftige Regierungen die Forderungen Cornwalls nach Unterstützung und Investitionen zur Wiederbelebung seiner Industrie weiterhin ignorieren, mag erneut eine Rebellion stattfinden, in deren Rahmen die Invasion von West nach Ost verläuft.

And have they fix'd the where and when?
And shall Trelawny die?
Here's twenty thousand Cornish men
Will know the reason why!

We'll cross the Tamar, land to land;
The Severn is no stay;
With ›one and all‹ and hand in hand,
And who shall bid us nay?

And when we come to London Wall,
A pleasant sight to view,
Come forth! Come forth, ye cowards all,
Here's men as good as you!

Trelwny's he's in keep and hold;
Trelawny he may die;
But here's twenty thousand Cornish men,
Will know the reason why!

Heute, Mitte der sechziger Jahre des 20. Jahrhunderts, beläuft sich die kornische Bevölkerung auf ungefähr 342 000 Menschen. Noch immer liegen Schätze in der kornischen Erde, die darauf warten, gehoben zu werden, und obwohl der Staub des Mittelmeers schon lange in den kornischen Hügeln verstreut liegt und sich mit Schiefer und Schieferton vermengt, ist etwas davon geblieben, winzige Teilchen, nicht zu spüren und unsichtbar, die im Blut kreisen und die Impulse steuern. Die Herausforderung stellt sich den kommenden Generationen.